As novas religiosidades no Ocidente

Brasília, cidade mística

Deis siqueira

EDITORA UnB

FINATEC
FUNDAÇÃO DE EMPREENDIMENTOS CIENTÍFICOS E TECNOLÓGICOS

Equipe editorial:

Preparação de originais e revisão:
Jupira Correa

Capa:
Anderson Moreira Lima

Editoração eletrônica:
Eugênio F. Braga

Este livro foi aprovado pelo **Conselho Superior da FINATEC**, no âmbito do seu Programa de Fomento, Auxílio à Publicação de Livros – Edital 03/2001-2002

Impresso no Brasil

Direitos exclusivos para esta edição:

Editora Universidade de Brasília
SCS Q. 02 - Bloco C - Nº 78
Ed. OK - 2º andar
70300-500 - Brasília -DF
Tel: (0xx61) 226-6874
Fax: (0xx61) 225-5611
editora@unb.br

FINATEC - Universidade de Brasília
Campus Universitário Darcy Ribeiro
Av. L3 Norte, Ed. Finatec / Asa Norte
Brasília - DF / Cep 70910-900
Fone: 61 3480400 – Fax: 61 3073201
E-mail: finatec@finatec.org.br
http://www.finatec.org.br

Ficha catalográfica elaborada pela
Biblioteca Central da Universidade de Brasília

S618 Siqueira, Deis
As novas religiosidades no Ocidente : Brasília, cidade mística / Deis Siqueira. – Brasília : Editora Universidade de Brasília, 2003.
130 p.

ISBN 85-230-0786-5

1. Sociologia religiosa. 2. Misticismo religioso. 3. Brasília. I. Título.

CDU 2:301(817.4)
248.2(817.4)

Sumário

Parte I
Questões e conceitos básicos. A construção da investigação, **11**

Introdução, **13**
Misticismo, esoterismo, religião, religiosidade, **16**
As novas religiosidades ou a nova consciência religiosa, **18**
Como nasceu a pesquisa: os grupos místico-esotéricos de Brasília e região, **24**
Os caminhos da pesquisa, **26**
Estudantes universitários em comparação internacional, **28**
Brasília e o Planalto Central do Brasil, **38**

Parte II
As novas visões de mundo, filosofias, significados e valores das novas religiosidades ou da nova consciência religiosa, **45**

Carma e reencarnação, **47**
Visibilidade do Eu superior, Eu maior, Eu crístico ou Eu próprio, **50**
A divinização do indivíduo e a recuperação da magia, **59**
Ecumenismo e fraternidade universal-transcendência da religiosidade tradicional, **66**

As novas dimensões do mundo e a re-localização do indivíduo com o exterior-interior, **72**
Queda da humanidade. Passagem para o Terceiro Milênio. O reencontro com o paraíso perdido, **77**
Brasília, a Terra Prometida, **82**
Alto Paraíso, o chakra cardíaco do Planeta, **85**

Parte III
A labiríntica busca religiosa na atualidade e a labiríntica busca teórico-metodológica da Sociologia das Novas Religiosidades, **91**

Psicologização das religiões: religiosidade e estilo de vida, **93**
Adeptos dos grupos místico-esotéricos, **105**
Freqüentadores do Templo da Boa Vontade (TBV), **110**
Estudantes da Universidade de Brasília, **112**
Feira Mística de Brasília, **115**
Religião e seita, **117**
Mercantilização e narcisismo das lideranças das novas Religiosidades. Quase conclusões, **120**

Dedicatórias

Dedico este livro a Nena, Nenilda Marinheiro Leonardi (*in memorium*). Além de minha guia na entrada da seara da religião, plena de caminhos nem sempre claros e disponíveis, foi, juntamente com Salete Machado, minha primeira interlocutora no esforço inicial para compreender as novas religiosidades.

Dedico ainda às pessoas que me permitiram tê-las como amigas e mestres, durante minha estada na Espanha, realizando pós-doutorado em Sociologia da Religião. Este livro é um dos frutos desse período rico tanto em termos de experiência profissional quanto pessoal. Na Catalunha, destaco Lluisa Lopez, Elizabeth, Jordi Bofill, Oriol, Tânia Montoro, Armando Bulcão, Pepe Rodriguez, Octavi Piulatzs, Francesco Fortuny, Lluís Duch. E em Madrid, José Maria Mardones, José Ramón, Pepe, Cecília.

Agradecimentos

Agradeço a meus filhos, Carolina e Rafael, que sempre demonstraram ter uma enorme compreensão e paciência com minhas ausências, em razão das pesquisas, dos estudos, e minhas buscas pessoais e profissionais, incluindo o tempo que estive na Espanha. Agradeço a todas as pessoas que estiveram presentes, ainda que de diversas maneiras, na longa trajetória dessa investigação sobre as novas religiosidades, ou seja, desde finais de 1994. Os estudantes de Ciências Sociais da Universidade de Brasília, auxiliares de pesquisa, sobretudo aos professores, meus parceiros de trabalho Lourdes Bandeira e Franz Höllinger. Lourdes fez parte da equipe de pesquisa durante muitos anos. Franz, após um ano no Brasil, continuou a ser um interlocutor constante, via correio eletrônico. Interlocução que continuou com Adriana Valle-Höllinger, participante da pesquisa e minha orientanda de doutorado, na época. Boa parte do que aqui está posto é fruto de trabalho, de reflexões, de discussões e de publicações conjuntas realizadas com todos eles. Agradeço ainda a FAP-DF, Fundação de Apoio à Pesquisa do Distrito Federal que me auxiliou nos dois primeiros anos das investigações que possibilitaram este livro, ao CNPq-Conselho

Nacional de Desenvolvimento Científico e Tecnológico, que tem me apoiado desde o início, e a Capes-Coordenação de Aperfeiçoamento de Pessoal de Nível Superior, que me concedeu a bolsa de estudos para a realização do pós-doutorado na Espanha entre 2000 e 2001. Ao Departamento de Sociologia da Universidade de Brasília, onde desenvolvemos a pesquisa, e à Universidade de Barcelona, que me recebeu para realização do pós-doutorado, e, em particular, a Josefina Roma, minha "mentora" nessa universidade.

E finalmente, à FINATEC que propiciou a publicação deste livro.

Parte 1

Questões e conceitos básicos
A construção da investigação

Introdução

Religião foi pensada, pelos estudiosos clássicos, a partir de orientações diferenciadas. De maneira sintética, podemos dizer que Durkheim destacou as determinações do social, enfatizando seu caráter institucional.[1] Weber indica, particularmente, sua orientação para esse mundo. Daí a centralidade, ainda na atualidade, do conceito de secularização nas discussões em torno da religião e da religiosidade.[2]

Marx e Engels a leram, sobretudo, como alienação, ou *opium do povo*. Afinal, afirma o primeiro

> *... Realmente, a religião é a consciência de si e o sentimento de si que possui o homem que ainda não se encontrou, ou que se tornou a perder...A abolição da religião enquanto felicidade "ilusória" do povo é uma exigência que a felicidade real formula.*[3]

E Engels argumentou

> *... O que é certo é que o único serviço que hoje ainda se pode prestar a Deus é tornar o ateísmo um artigo de fé obrigatório...O cristianismo só conheceu "uma" igual-*

---

[1] Consultar, a este respeito, DURKHEIM, Émile. ***As formas elementares da vida religiosa***. São Paulo: Martins Fontes, 1996.

[2] De Max WEBER, consultar **A ética protestante e o espírito do capitalismo**. São Paulo: Pioneira, 1985; *Sociologia da religião*. IN: **Economia e sociedade**. Brasília: Editora da Universidade de Brasília, 1994; *A psicologia social das religiões mundiais* (1982a); *As seitas protestantes e o espírito do capitalismo* (1982b); *Rejeições religiosas do mundo e suas direções* (1982c). IN: **Ensaios de Sociologia**. Rio de Janeiro: Guanabara, 1982.

[3] MARX, K. e ENGELS, F. **Sobre a religião.** Lisboa: Ed. 70, 1976, p. 45 e 46.

dade entre todos os homens, a do pecado original igual, o que correspondia muito bem ao seu caráter de religião de escravos e de oprimidos.[4]

Freud também sublinhou seu lado ilusório, remetendo-se às realizações de primevos desejos humanos. Ele define civilização como

...soma integral das realizações e regulamentos que distinguem nossas vidas das de nossos antepassados animais, e que servem a dois intuitos, a saber: o de proteger os homens contra a natureza e o de ajustar os seus relacionamentos mútuos.[5]

Em *O Futuro de uma Ilusão*, afirma que

...as idéias religiosas surgiram da mesma necessidade de que se originaram todas as outras realidades da civilização, ou seja, da necessidade de defesa contra a força esmagadora superior da natureza...A religião, é claro, desempenhou grandes serviços para a civilização humana. Contribuiu muito para domar os instintos associais. Mas não o suficiente.[6]

O que quero destacar é que ainda que muitas obras já tenham demonstrado que Deus é uma criação humana, incluindo os autores acima citados,[7] a busca pelo sagrado e a religiosidade fazem parte da condição humana.[8]

---

[4] MARX, K. e ENGELS, F., op. cit, 1976. p. 171 e 175.

[5] FREUD, S., *O mal-estar da civilização*. IN: **Obras completas,** vol. XXI. Rio de Janeiro: Imago, 1974. p. 109.

[6] FREUD, S. *O futuro de uma ilusão*. IN **Obras completas,** vol. XXI. Rio de Janeiro: Imago, 1974. p. 33 e 50.

[7] Consultar, em particular, Rodríguez, Pepe, **Dios nació mujer. La invención del concepto de Dios y la sumisión de la mujer: dos historias paralelas.** Barcelona : Editorial B, 2000.

[8] Consultar, dentre outros, ALVES, Ruben Azevedo, **O que é religião**. S.Paulo: Abril Cultural, 1984.

Ou seja, desde que o homem é reconhecido como tal em sua longa evolução, o religioso esteve presente, ainda que construído de diversas maneiras, estruturando-se, em épocas mais recentes, particularmente como religiões monoteístas. Assim, o ponto de partida para mim, como socióloga e antropóloga é que essa busca é constituinte da condição humana. Daí o privilégio da temática.

São vários os motivos que me levaram a decidir pela publicação deste livro. Destaco minha vontade sincera de querer tornar público, socializar, dados e reflexões acumulados em uma pesquisa que coordeno desde finais de 1994, numa linguagem que possa ser compreendida por um grande público, não somente por aqueles que estudam religião ou pelos acadêmicos. Porque estou bastante segura que a questão da religião e da religiosidade são questões que a maioria das pessoas querem melhor compreender, incluindo os teístas (os que acreditam em Deus), os deístas (os que não acreditam em Deuses mas em una "causa original"), os ateus (os que não acreditam em Deus), os céticos (os que não apenas não acreditam em Deus, não acreditam em nada), os agnósticos ("nada a dizer" ; se há provas acreditam, se elas não existem, não acreditam), os anti-teístas (os que acreditam em Deus e o perseguem, tal como os satanistas). O fato é que muito se tem falado e escrito de uma "volta da religião", simultaneamente a uma notória queda das práticas religiosas convencionais nas últimas décadas. Bem, de que estou falando? Da busca por uma nova religiosidade. É disso que trato neste livro. De uma nova religiosidade que parte de uma crítica à organização, estruturação, institucionalização das religiões tradicionais.

Estamos vivendo um tempo em que, pelo menos no Ocidente, há uma busca pela construção de uma nova religiosidade, uma nova consciência religiosa ou uma nova espiritualidade. Ainda que não seja um fenômeno tão visível como a queda das práticas religiosas convencionais das religiões tradicionais, e não diga respeito à maioria da população, trata-se de um fenômeno que cresce e que este livro tenta ajudar a compreendê-lo. Para cumprir com meu desejo, faz-se necessário esclarecer os conceitos chaves que serão os eixos para a compreensão de como orquestrei as reflexões e o texto.

Misticismo, esoterismo, religião, religiosidade.

Normalmente misticismo é definido como a atitude humana que visa à união das pessoas com as forças sagradas, transcendentais, o mistério fascinante. A palavra origina-se do verbo grego *myo* que pode ser traduzido por fechar a boca. Aí também se localiza a origem da palavra mistério, significando, em ambos os casos, algo que se percebe íntima e profundamente, estando, no geral, envolto pelo silêncio. A realidade seria, por definição, transcendente e oculta. O misticismo nasce do esforço que a pessoa faz para alcançar uma realidade divina. Envolve um conjunto de disposições afetivas, intelectuais, morais, cuja meta é a comunhão com o Todo-poderoso, o mistério, o transcendente, o sagrado ou o numinoso. Implica esforço para se obter uma visão compreensiva de tudo em Deus (ou no divino), o qual deixa de ser um objeto e se torna uma experiência. A passagem para um misticismo filosófico, no sentido de forte dedicação a Deus ou às coisas espirituais, é encontrada em várias correntes de pensamento, tais como no platonismo e na filosofia hindu.

O esoterismo remete-se, em geral, a ensinamentos sobre a verdade religiosa reservados a poucos iniciados. Conhecimento direto da verdade é acessível àqueles que são moral e intelectualmente preparados, sendo adquirível por meio do estudo de alegorias e de símbolos, de meditação, de intuição, de cumprimento de instruções. Diferencia-se do exoterismo, na medida em que seria caracterizado pelo ensino de conhecimentos prováveis e verossímeis, de forma acessível, a um público aberto. Ainda que inicialmente associado ao ensinamento e ao reservado, apanágio de um círculo, cujo acesso dependia da decisão do mestre, com o tempo ligou-se à idéia do secreto, no sentido do oculto. Trata-se de ensinamentos secretos de caráter imemorial, verdades fundamentais que se transmitem em cadeias de mestres e de discípulos. Haveria aqui uma diferença razoável com o misticismo: na experiência mística, o divino "desce" ao homem, ao passo que no processo esotérico toda a iniciativa advém dos esforços do homem. O místico teria então um caráter mais passivo, enquanto o esotérico, um caráter mais ativo.

Assim, tanto o conceito de misticismo quanto o de esoterismo estão marcados pelo segredo e por que não dizer, por um certo elitismo. Poucos podem ter acesso. Que dizer então das religiões cristãs, sobretudo a católica, hegemônicas no Ocidente, com todo o controle do sagrado por parte dos eclesiásticos, dos sacerdotes, da hierarquia?

É importante, portanto, diferenciar religião e religiosidade. Esta é entendida como a busca humana seja pelo sagrado, pelo divino, pelo transcendente, pelo misterioso, pelo numinoso. Religião refere-se particularmente à dimensão institucional do religioso: dogmas, hierarquias, estruturas, templos, rituais, sacerdócio. Historicamente a primeira foi incorporada pela segunda, até mesmo a ciência tende a tratar as duas sem fazer diferenças. Tal como se poderá descobrir durante a leitura do livro, estarei me movendo, sobretudo, em torno da religiosidade, e mais precisamente, da busca por una nova religiosidade que vai se construindo a partir de uma crítica da religião, com seus cleros, dogmas, hierarquias, estrutura.

As novas religiosidades ou a nova consciência religiosa

Muitos estudos comparados internacionais apontam diferenças importantes entre as sociedades contemporâneas no que se refere às crenças religiosas e ao comportamento religioso das pessoas. Mas um dos fatos mais visíveis é que as crenças cristãs têm perdido sua plausibilidade na maioria dos países europeus e a prática religiosa decresceu continuamente no curso do século XX. Esse desenvolvimento parece confirmar a clássica tese sociológica segundo a qual, a modernização viria acompanhada de uma perda de importância e de poder da religião. Assim, o conceito de secularização do grande sociólogo Max Weber tornou-se central para a sociologia da religião. Ou seja, com o desenvolvimento da ciência e da modernidade, seria inevitável a crescente separação da religião das outras esferas da vida (jurídica, familiar, educacional), ficando cada vez mais na esfera privada das pessoas. Simultaneamente, a modernização levaria a um inevitável "desencantamento do mundo".[9]

Mas a situação em outros países não europeus indica que religião e modernidade não são incompatíveis. Em boa parte do mundo islâmico a religião tem mantido sua posição central tanto na vida pública quanto na privada. Também nos Estados Unidos e na América Latina a religião é ainda muito popular. Além disso, novas igrejas evangélicas têm atraído uma parte considerável da população desses países nas últimas décadas.

---

[9] Consultar, a esse respeito, PIERUCCI, Antônio Flávio. *Reencantamento e dessecularização: a propósito do auto-engano em sociologia da religião*. In: **Novos estudos,** nº 49. São Paulo: CEBRAP, 1997 e *Secularização em Max Weber. Da contemporânea serventia de voltarmos a acessar aquele velho sentido*. IN: **Revista Brasileira de Ciências Sociais**, vol. 13, no. 37, São Paulo: ANPOCS, julho de 1998.

Outra importante dimensão da mudança religiosa nas sociedades ocidentais contemporâneas diz respeito à incorporação de crenças, práticas e métodos ocultos, místicos, espiritualistas, esotéricos, que se incluem ou se correlacionam com o Movimento *New Age*. Desde o seu início como pequeno movimento contracultural nos anos 1960, as atividades *New Age* e a literatura esotérica têm se popularizado, particularmente entre as novas gerações e as camadas mais escolarizadas da sociedade.

New Age poderia ser caracterizado como um conglomerado de tendências que não teria textos sagrados ou líderes, nem organização fechada ou estrita, nem dogmas. Tratar-se-ia, segundo alguns autores, de mais uma sensibilidade espiritual, do que de um movimento espiritual estruturado. Expressaria atitude ou desejo de integração e de harmonia, buscando articular o pessoal e o privado com o ecológico e o cósmico, a sensação de liberdade com a experiência do divino, do sagrado, do misterioso ou do numinoso. Alguns métodos, técnicas e práticas muito diversas têm sido apontados na literatura como atividades que tendem a ser utilizadas pelas pessoas que apresentam alguma afinidade com o movimento *New Age*: *métodos esotéricos* (como astrologia e cartas do *Tarot*); *práticas espirituais* (*Yoga*, diferentes técnicas de meditação); *medicina não-convencional* (homeopatia, iridologia). Também fazem parte desse conjunto de atividades, diferentes tipos de *terapias*, como a Terapia do Renascimento, a Psicologia Jungiana e as psicoterapias em geral. Diversas pesquisas têm demonstrado que essas atividades apresentam-se geralmente correlacionadas entre si.

Mas a busca por novas formas de religiosidade não se esgota no movimento *New* Age. Trata-se de uma busca por uma religiosidade própria, não caracterizada pelo clerical, doutrinário e hierárquico, características tidas como próprias das religiões tradicionais, normalmente entendidas como as cristãs, especialmente a católica, o que já foi inclusive interpretada por alguns estudiosos como uma "orientalização do Ocidente". Outros autores referem-se a um processo de "re-encantamento do mundo" ou de "redescoberta da magia".

Esse movimento também pode ser caracterizado como una religiosidade mais do coração, da interioridade, sendo inclusive identificada por vários autores como psicologizada ou "psicologização da religião".[10]

O filósofo espanhol José Maria Mardones,[11] dentre outros estudiosos, sugere que merece ser refletida uma nova concepção de religião, à medida que a nova espiritualidade em construção não seria apenas a religião institucionalizada e especializada, mas a experiência que recorreria aos âmbitos da secularidade do nosso tempo e às vias religiosas tradicionais. Outros estudiosos afirmam que os limites que separam religião de magia estariam desaparecendo, e a religião não mais poderia ser identificada com Igreja. Essa associação acrítica entre religião e Igreja seria uma herança da tradição judaico-cristã, oriunda da burocratização greco-romana da igreja pós-constantiniana. Expande-se o conceito. Assim, teríamos estruturas religiosas e pessoas que acreditam. E o sagrado vai recompondo-se como vivências do sagrado, cada vez mais plurais. O religioso seria ritos, crenças, práticas e tudo aquilo em que cada um acreditar. Afrouxadas as amarras institucionais, o religioso poderia se infiltrar por todos os espaços da vida, o que, obviamente, exige uma revisão do conceito de campo religioso, não mais amarrado à Igreja.

Alguns autores falam até em implosão do conceito de religião.[12]

---

[10] Consultar, por exemplo, Colin CAMPBELL, *A orientalização do Ocidente: reflexões sobre uma nova teodicéia para um novo milênio* e Otávio VELHO, *A orientalização do Ocidente: comentários a um texto de Colin Campbell*, ambos publicados na revista **Religião & Sociedade,** Rio de Janeiro: ISER, vol. 18, no. 1, 1997.

[11] Mardones, J. M., **Para comprender las nuevas formas de la religión. La reconfiguración posteristiana de la religión**, Estella/ Navarra: Ed. Verbo Divino, 1994.

[12] É o caso de Ari P. ORO e Carlos A. STEILL, organizadores do livro **Globalização e religião**. Petrópolis: Ed. Vozes, 1997.

Identifica-se a influência crescente de uma forma de religião difusa que inclui o movimento *New Age,* mas não se reduz a ele, à medida que essa influência englobaria um leque muito maior de crenças e de práticas religiosas.

As novas religiosidades de que estamos falando são caracterizadas pelo trânsito dos adeptos, dos valores, dos símbolos, dos rituais, entre as diferentes religiões e religiosidades. Ademais, se trata mais propriamente de um processo de adesão do que de conversão (me converto em) e membresia (sou membro de), típicas das religiões tradicionais e pela proximidade com as práticas alternativas ou não convencionais. Daí a proximidade das novas religiosidades com a *New Age.*

O movimento é tão significativo e difícil de ser precisado que se encontram na literatura sociológica, dentre outras, expressões como *campo religioso ampliado; religião difusa*; *religiosidade ou identidade religiosa flexível-flutuante*; *espaço religioso novo ou novas formas do sagrado na sociedade atual e nova sensibilidade místico-esotérica*, *sacralidade não religiosa* e *sacralização das relações individuais de transcendência*, *nova religiosidade sincrética, esotérica-holista da New Age, Novos Movimentos Religiosos ou novas formas da religião*; *nebulosa místico-esotérica* e *crédulos difusos*; *nebulosa heterodoxa*; *religiões seculares*; *religiosidade secularizada*; *religiosidade inorgânica*; *nebulosa polivalente da Nova Era; diversidade de identidades, diversidade nas formas de adesão.*

E a experiência mística ou esotérica vai se socializando, vai se tornando mais acessível a um público cada vez maior, deixando de ser "para poucos", sejam estes os sacerdotes, os grandes místicos ou esotéricos. Esta religiosidade do coração, mais interiorizada não seria, como indica o filósofo espanhol Mardones na obra há pouco citada, uma novidade para o cristianismo. Houve várias correntes que se apoiaram principalmente no sentimento ou na via afetiva, mas um centramento da compreensão de Deus como Deus do amor, da paz, da confiança, que segue, sobretudo, o caminho do sentimento. Como bem lembra este autor, essas correntes não criaram problemas para o catolicismo por seu caráter romântico, mas sim por seu caráter livre, desvinculado de referências à instituição e à autoridade. E a religião cristã é ofertante de serviços religiosos, de sacramentos, de rituais. Essa religião convencional e social, demasiadamente ajustada à modernidade, não respondendo às ameaças da própria modernidade. Afinal, não tem consciência ecológica-planetária, continua sendo surda a fortes chamamentos, tais como de unidade e de harmonia cósmica, carece de sensibilidade em que o divino atravesse a toda a realidade com mais naturalidade. Sugere que o cristianismo estaria ficando velho, ancorado em uma modernidade industrial e técnica, que desconhece novas exigências inclusive da nova consciência científica e o novo paradigma que brota dele.

Também Pepe Rodríguez na parte conclusiva de seu livro já citado, *Dios nasció mujer,* na página 370, afirma que o conceito de Deus que temos, foi um modelo criado desde ... *e para uma cultura patriarcal e agropecuária e hoje, para a sociedade industrializada, que pretende aspirar novamente ao igualitarismo, não é mais nem útil nem adaptativo.*

O sociólogo Durkheim, no início do século XX, em seu livro clássico *As formas elementares da vida religiosa,* questionando a função especulativa da religião diante do enfrentamento inevitável com o crescimento do poder da ciência, afirma que seria impossível que a religião pudesse cumprir no futuro o mesmo papel que havia cumprido no passado.

É fato que estamos diante de formas não plenamente, ou fragilmente institucionalizadas, de religiosidade ou de manifestação do religioso. Trata-se de uma diversidadepluralidade que tem sido olhada, muitas vezes, pelo viés do exótico, remetendo-o a um olhar depreciativo e desqualificador. Apesar dessa "religiosidade no plural" lembrar, primeiramente, superficialidade e inconsistência, como diria o antropólogo brasileiro José Jorge de Carvalho,[13] a existência de grupos místico-esotéricos, novas religiosidades ou uma nova espiritualidade, indica uma nova consciência religiosa como fenômeno emergente que problematiza princípios básicos da modernidade e do desenvolvimento cultural de nossa civilização. Porque se tratam de movimentos também culturais, criativos, de experimentação, que propõem novos estilos de vida.

O que estamos assistindo por um lado é uma retomada da religião em sua dimensão integrista e fundamentalista. Por outro, no Ocidente e mesmo em países como Japão, uma retomada da religiosidade em novas bases. E aqui se encontra outro motivo para a publicação deste livro. As novas religiosidades que aqui serão tratadas tentam, ainda que possam não consegui-lo de todo, uma convivência mais plural, mais tolerante, a partir de uma postura ecumênica diante das religiões. A combinação de valores, de visões de mundo, de práticas, de rituais, de várias religiões, indica uma pluralidade e uma tolerância religiosas inimagináveis anteriormente. Necessitamos nos alimentar de elementos que nos possibilitem melhor transitar pela convivência e pela tolerância. Espero que, dentro desse contexto, tenha conseguido, eu mesma, refletir e escrever superando polaridades tão usuais em nossa forma de pensar ocidental, tais como

[13] Consultar, de CARVALHO, José Jorge. *O encontro de velhas e novas religiões: esboço de uma teoria dos estilos de espiritualidade*. IN: MOREIRA, Alberto & ZICMAN, Renée (Orgs.). ***Misticismo e novas religiões***. Petrópois, RJ: Vozes, 1994 e *Uma querela de espíritos: para uma crítica brasileira do suposto desencantamento do mundo*. IN: ***Revista Sociedade e Estado:*** *novos movimentos religiosos*. Vol. XIV, nº 1. Brasília: Departamento de Sociologia/UnB, 1999.

sagrado e profano, buscando os lugares de mediação e de negociação, no lugar de oposições e de divisões.

Como nasceu a pesquisa: os grupos místico-esotéricos de Brasília e região

A capital do Brasil tem dois mitos de criação. O futurista, a cidade onde todos teriam acesso a tudo, e as premonições do jovem salesiano italiano Dom Bosco, que previu que na região onde foi construída a cidade (inaugurada em 1960), nasceria a civilização do futuro, em que jorraria leite e mel. O mito foi se tornando lenda, e esta, realidade. Porque é a cidade e região onde mais se concentra, no Brasil as novas religiosidades. Essas combinam novos com velhos elementos de muitas religiões e são marcadas, sobretudo, pelo desenvolvimento de uma nova espiritualidade, na busca de uma religiosidade em novas bases. Ainda que antropólogos tivessem investigado algumas destas, trata-se, sobretudo, de estudos etnográficos, que aprofundam uma ou outra. Não havia um estudo de sua concentração e expansão na cidade e região. Digamos, uma investigação mais propriamente sociológica do fenômeno. Assim, fomos pioneiros e até o presente a pesquisa continua com vários desdobramentos.

No primeiro momento da investigação uma grande variedade de práticas, de rituais, de doutrinas e de filosofias, que poderia ser denominada *nebulosa místico-esotérica,* não possibilitava classificações. O único recorte feito tratou de não incluir na amostra as religiões afro-brasileiras, as espíritas, as protestantes e as católicas, ou seja, as religiões reconhecidas institucionalmente como tais e que haviam sido bastante estudadas. Tampouco foram incluídos os novos movimentos religiosos, que nascem dentre destas, tal como o Movimento Carismático ou a Igreja Universal do Reino de Deus. Foram incluídos apenas grupos ou novas religiosidades que se negam à auto-identificação como religião, autodenominando-se filosofias, associações, grupos. Ou se aceitam ser una religião, isto é secundário.

Outra característica para a construção do recorte do objeto de pesquisa foi a identificação da busca de construção, por parte dos grupos, de *caminhos espirituais* com a pretensão de se constituírem em ruptura, ainda que muito do que é apresentado como novidade seja construído pelo amálgama de elementos bastante antigos. Enfatizam, nas críticas às religiões ocidentais, principalmente ao catolicismo, a moral (sexualidade, culpa, repressão); a ética (acúmulo de riquezas, de poder); a hierarquia; o dogmatismo e o excesso de conceituação; a não-diferenciação entre religião, normas e rituais; o pouco ou o inexistente respeito à religiosidade de cada indivíduo, e a secundarização da dimensão interior em relação a uma instância metafísica, de um Ser superior e exterior.

As novas religiosidades se caracterizam, entre outros elementos, sobretudo, por um *bricolage* de várias crenças, rituais, práticas. Ademais, há um grande trânsito entre os diferentes grupos ou religiosidades, e o ecumenismo é um valor comum em todos ou quase todos. Assim, na falta de um conceito melhor, utilizo o de grupos místico-esotéricos. Isso porque a experiência místico-esotérica é considerada como mais importante do que os dogmas, as verdades sacramentais, os rituais prontos. A experiência pessoal, centrada no autoconhecimento, mais mística ou mais esotérica, é fundamental.

Concordo com a afirmação de vários sociólogos, segundo a qual, as religiões prosperam com a pobreza das populações marginalizadas, que ficam socialmente e culturalmente para trás. Entretanto, é necessário adiantar que a maioria dos freqüentadores ou adeptos das novas religiosidades aqui exploradas é principalmente aquele indivíduo para quem a materialidade já se encontra resolvida ou não é um dos problemas fundamentais da vida.Trata-se de indivíduos

> *... que conhecem e experimentam o que de melhor é capaz de fornecer a nossa contemporaneidade construída na razão, na ciência e na tecnologia, que são as grandes promessas que herdamos do século passado, prometidas como fonte do bem-estar geral definitivo*, como afirma Prandi.[14]

E de fato, trata-se de um fenômeno que, a meu juízo, é contracultural, explicita uma certa resistência a valores fundamentais da sociedade atual, baseada no desenvolvimento técnico excludente, na racionalidade instrumental e em promessas que vem se esgotando.

Os caminhos da pesquisa

À medida que o objeto de estudo apresentava características de uma *nebulosa místico-esotérica,* conceito utilizado por alguns estudos franceses, a primeira etapa da pesquisa consistiu em longas entrevistas com lideranças dos grupos místico-esotéricos, totalizando oitocentas páginas. Essa amostra, composta por dezessete grupos, foi construída a partir da indicação das próprias lideranças, de quais eram os grupos mais importantes existentes em Brasília.

Entretanto, os dados de Brasília podem ser, com bastante certeza, generalizáveis para o Ocidente. Com a intenção de demonstrá-lo, apresento, iniciando o livro, *Estudantes universitários em comparação internacional,* parte dos resultados de uma investigação que foi desenvolvida com estudantes de dezesseis universidades, em dez países de América e Europa, contando, sobretudo com a participação do Prof. Franz Hollinger, da Universidade de Graz, Áustria, que esteve, como pesquisador convidado pela pesquisa, com bolsa concedida pelo CNPq, no Departamento de Sociologia da Universidade

---

14 PRANDI, R., *Interesses religiosos dos sociólogos da religião*, in **Globalização e religião**, ORO Ari P. e STEILL, Carlos A. (org.). Petrópolis: Vozes, 1997, pg 65.

de Brasília, por um ano. O que acontece no Brasil, e particularmente em Brasília, tem muitas características do que ocorre no resto do mundo ocidental.

Assim, na seqüência, apresento os dados da investigação realizada na capital brasileira, *Brasília e o planalto central do Brasil*. Esta parte do texto vem marcada por termos bastante novos e raros, típicos da nova espiritualidade. Os próprios nomes dos grupos existentes em Brasília e região indicam o possível caráter exótico das novas religiosidades que estou estudando. Os grupos místico-esotéricos identificam-se, sobretudo, como buscadores, autodenominando-se Associação (Cultural Brasil-China, Holística Vale do Sol, de Estudo Universal), Cavaleiros (de Maitreya), Centro (Eclético da Fluente Luz Universal), Cidade (da Fraternidade, Eclética), Collegium (Lux), Espaço (Holístico Lakshmi Vishnu), Fé (Bahá'i'), Filhos (da Terra), Fraternidade (da Cruz e do Lótus), Fraternidade Eclética (Espiritualista Universal), Forças Mentais (do Planalto), Fundação (Arcádia, OSHO), Grupo (Aglutinado da Nota Sol), Instituto (Branay, Solarion), Legião (da Boa Vontade), Movimento (Gnóstico Cristão Universal do Brasil na Nova Ordem), Ordem (dos Quarenta e Nove, Espiritualista Cristã Vale do Amanhecer, Rosa Cruz-AMORC), Ponte (para a Liberdade), Santuário (Dourado), Sociedade (de Eubiose, Fraterna do Lótus Sagrado, Internacional de Meditação, Teosófica, Sahaja *Yoga*), Templo (da Sabedoria Jnana Mandiram).

Ainda, o leitor desavisado ficará no mínimo tomado de uma sensação de espanto ou de estranheza ao se deparar, no texto que segue, com termos tais como Roda Evolutiva; Roda Cármica; Quarta, Quinta e Sexta Dimensões; Raças Estelares; Bloqueios Energéticos; Miasmas Astrais; Religação; Contatos Telepáticos; Mental Racional e Mental Consciente; Inteligência Suprema; Cérebro Astral; Ser Angélico; Anular o Ego; Governo Oculto; Impulso Evolutivo da Humanidade, ou com expressões tais como "Não há mais necessidade de templos ou de rituais" e "Deus é você mesmo".

Entretanto, sugiro aos leitores que, apesar da eventual estranheza, tentem transitar no texto a partir de uma de suas leituras possíveis. Aquela que pode informar a existência desse fenômeno – uma nova consciência religiosa – como significativo, que problematiza princípios básicos de nossa modernidade e do desenvolvimento cultural de nossa civilização. Porque, sem dúvida, trata-se de movimentos que também são culturais, criativos, de experimentação, que propõem novos estilos de vida, que são contraculturais. Denotam a vitalidade de um campo de experimentação, ou podem indicar a possibilidade de um novo humanismo ou de uma nova humanidade, como diria o antropólogo Mircea Eliade.

A busca de compreensão do novo espaço religioso ou de novas formas do sagrado, na sociedade atual, a partir do que Mardones (1994) denominou como uma nova sensibilidade místico-esotérica, em Brasília nos levou a indagar, de forma mais cuidadosa, um dos aspectos centrais indicados pela literatura. As conexões existentes, na atualidade, na capital, entre religião e psicologia, o que é tratado no item *Psicologização das religiões; religiosidade e estilo de vida*. A seguir apresento dados de várias fontes de investigação: *os adeptos dos grupos místico-esotéricos, freqüentadores do Templo da Boa Vontade, estudantes da Universidade de Brasília, Feira Mística de Brasília*. Concluo o texto, com o item *Quase conclusões*, apresentando algumas reflexões sobre a *mercantilização da religião e o narcisismo dos líderes das novas religiosidades*. Mas comecemos com a pesquisa internacional.

Estudantes universitários em comparação internacional[15]

No sentido de melhor se examinar algumas questões relativas ao que foi dito na Introdução e de melhor

[15] Informações mais detalhadas podem ser encontradas no artigo *Religião e Esoterismo entre Estudantes: um estudo comparado internacional*, de Deis SIQUEIRA, Adriana VALLE-HOLINGER e Franz HOLINGER. IN **Religião e Sociedade**, Rio de Janeiro: ISER, vol. 22, nº 02, 2002.

inserir a investigação que estamos desenvolvendo no Brasil, foi realizado um estudo comparado internacional, *Religião e esoterismo, práticas místico-esotéricas e atitudes políticas entre estudantes,* com estudantes universitários de 16 universidades de dez países, cinco americanos e cinco europeus.[16]

---

[16] O instrumento da pesquisa utilizado na investigação internacional – um questionário padronizado – foi inspirado no *World Views Study*, um estudo comparativo da relação entre visões de mundo políticas e religiosas de estudantes e sua personalidade, no *International Social Survey Programme* (ISSP) e no *World Value Study* (WVS). O questionário do estudo piloto foi desenvolvido e aplicado na Universidade de Graz, Áustria, em 1998. Esse mesmo questionário foi aplicado durante o ano de 1999 a 3.569 estudantes, em dez países americanos e europeus, agrupados em quatro áreas culturais: (1) *América Latina*: Argentina, Brasil, Colômbia e Uruguai; (2) *EUA*; (3) *norte-oeste da Europa*: Alemanha, Áustria, Grã-Bretanha; (4) *sul da Europa*: Itália e Portugal. A versão final do questionário foi trabalhada em cooperação com cientistas sociais da Áustria, Brasil e Argentina: Franz Höllinger da Universidade de Graz; Deis Siqueira e Lourdes Bandeira da Universidade de Brasília; Maria del Rosario Contepomi da Universidad Nacional de Missiones. As universidades participantes do estudo - com o tamanho de suas respectivas amostras indicadas em parênteses - são as seguintes: Argentina: Universidad Nacional de Missiones (271); Alemanha: Johann-Wolfgang-Goethe Universität, Frankfurt/M (283) e Europa Universität Viadrina, Frankfurt/Oder (298); Áustria: Karl-Franzens-Universität Graz (255); Brasil: Universidade de Brasília (332), Universidade Federal de Goiás (200), Universidade Federal da Paraiba (296), Universidade Federal do Rio Grande do Sul (225) e Universidade Estadual de Londrina (256); Colômbia: Universidad Pontificia Bolivariana, Medellin (200); EUA: University of South Dakota (226) e University of Southern Colorado (49); Grã-Bretanha: University of London (211); Itália: Universitá degli Studi, Trento (229); Portugal: Universidade de Lisboa (156); Uruguai: Universidad Católica del Uruguay, Montevideo (172). A coordenação em nível internacional da pesquisa é de Franz Hollinger. Detalhamentos a respeito da metodologia utilizada e análises científicas dos dados obtidos estão sendo realizadas pelos investigadores participantes e publicadas em vários países. As informações que aqui estão sendo apresentadas resumem análises já realizadas por Adriana Valle-Hollinger, Deis Siqueira e Franz Höllinguer e publicadas em outros meios.

Uma vez que este estudo baseia-se em amostras de estudantes, pode-se levantar a seguinte questão: os estudantes constituem um segmento particular da população, cuja religiosidade é mais similar à religiosidade dos estudantes de outros países que do restante da população de sua própria sociedade, ou seu nível de religiosidade é similar ao do restante da população da mesma faixa etária?

Estudos comparados internacionais, tais como o *International Social Survey Programme* (ISSP) e o *World Value Survey* (WVS), comparando indicadores de religiosidade, tais como assistir cultos religiosos, rezar, acreditar em Deus, em céu e em inferno, indicam que em apenas poucos países os estudantes e as pessoas com maior nível de escolaridade são menos religiosas do que as pessoas da mesma faixa etária menos escolarizadas. Na maioria dos países não há diferenças significativas a esse respeito ou a religiosidade é até maior entre as pessoas mais escolarizadas. De uma maneira geral, o nível de religiosidade dos estudantes e dos acadêmicos corresponde ao nível de religiosidade da população do seu país. Ainda que os estilos de vida e as visões de mundo dos estudantes difiram em muitos aspectos dos do restante da população, podemos afirmar que os estudantes são ao mesmo tempo influenciados e formados pelo ambiente social e cultural em que vivem. Assim, os resultados dessa pesquisa não são apenas característicos dos estudantes, mas, em muitos aspectos, também refletem as atitudes religiosas da população dos respectivos países.

Dessa forma, em relação às práticas religiosas e às crenças cristãs, esse estudo deveria apresentar diferenças internacionais semelhantes às que têm sido encontradas em estudos anteriores. Estudantes da região de cultura germânica na Europa central e norte-ocidental teriam níveis mais baixos de religiosidade do que estudantes dos países do sul da Europa. A religiosidade deveria ser maior nos EUA. Os países latino-americanos ainda não participaram de estudos internacionais sobre religião e não se tem acesso a dados sobre religião representativos para o conjunto da população desses países. Com base em estudos existentes sobre a América Latina, os latino-americanos – e, portanto, também os estudantes dos países latino-americanos – deveriam apresentar um elevado nível de crenças cristãs e práticas religiosas.

A representatividade do universo estudado, os estudantes, mostrou-se particularmente válida no que toca às crenças cristãs e às práticas religiosas. Contrastando totalmente com a tese sociológica clássica de que a ciência moderna iria enfraquecer as crenças religiosas, observa-se que estudantes universitários – pessoas que estão sendo treinadas a pensar de acordo com as leis da ciência moderna – têm mais ou menos o mesmo nível de religiosidade do que o resto da sociedade em que vivem. Nos EUA e na América Latina (Argentina, Brasil, Colômbia e Uruguai), a porcentagem de estudantes que acredita no cosmo cristão tradicional (Deus, anjos, santos, céu, inferno) é muito maior do que na Europa norte-ocidental (Alemanha, Áustria e Grã-Bretanha). Estudantes do sul da Europa (Itália e Portugal) encontram-se em uma posição intermediária. Os estudantes latino-americanos e norte-americanos são também mais propensos a acreditar em fenômenos ocultos e métodos esotéricos (espíritos, clarividência, curandeiros, astrologia) do que os estudantes do norte-oeste da Europa.

Como a recepção da literatura *New Age* e das técnicas esotéricas é maior entre as pessoas jovens e de meia-idade pertencentes aos estratos com maior nível de escolaridade, que entre as mais idosas e com menor nível de escolaridade, os estudantes, parecem ser, de fato, uma população adequada para comparar a disseminação das crenças e práticas *New Age* em diferentes sociedades.

Crenças esotéricas têm sido investigadas dentro de uma perspectiva comparada internacional no estudo *World Views in Modern Societ*. Esse estudo, que também é baseado em amostras de estudantes, encontrou uma porcentagem significativamente mais alta de estudantes que acreditam em fenômenos ocultos, em astrologia e em seres espirituais na Polônia e no México do que em países da Europa ocidental (países escandinavos, Holanda e Alemanha). Os estudantes da Polônia e do México também declararam terem tido experiências místicas com maior freqüência do que nestes últimos. Considerando que o processo de modernização começou mais tarde no México e na Polônia e o nível de desenvolvimento socioeconômico é significativamente mais baixo nesses países do que na Europa ocidental, é plausível pensar que crenças em seres espirituais e em fenômenos ocultos diminuam durante o processo de modernização. Com base nessa argumentação, poder-se-ia formular a hipótese que a crença em fenômenos ocultos e esotéricos seria mais elevada em países economicamente menos desenvolvidos (países latino-americanos, Portugal) do que nos países mais desenvolvidos (países da Europa norte-ocidental e EUA).

Ainda seguindo as teorias da modernização, a persistência de crenças religiosas e mágicas na América Latina indicaria uma maior religiosidade, em razão do baixo nível de desenvolvimento econômico dos países deste continente. Esse argumento, contudo, não pode ser aplicado aos Estados Unidos. Talvez o fator principal para explicar a grande afinidade à religião e, em certa medida, também às crenças esotéricas nesse país seria a instabilidade e insegurança das condições de vida aí existentes: em comparação com os países do norte-oeste da Europa, a mobilidade ocupacional e geográfica nos EUA é muito mais alta; os laços de família são mais dissolvidos; a violência física, roubos e assaltos são mais disseminados. Mesmo estudantes que não sofrem diretamente privações materiais podem ser afetados por muitas ocorrências desse tipo no cotidiano, as quais podem contribuir para que eles sofram em maior grau desequilíbrios ou inseguranças emocionais, buscando mais intensamente a religião.

Do exemplo da cultura norte-americana pode-se concluir que o processo de desencantamento do mundo não depende apenas do nível de modernização tecnológica e socioeconômica, mas também se e em qual medida os indivíduos experienciam a estabilidade social e emocional em sua vida cotidiana. Como alguns sociólogos e psicólogos têm sugerido, em situações de dissolução de formações sociais, também pode haver espaços para o retorno à religião e à magia. Nesse sentido, é um fato significativo o crescimento de novas formas de religiosidade em todo o Ocidente. Assim, mesmo em países não contemplados na amostra, como é o caso da Espanha, há fortes indícios de que o sentimento religioso da juventude não parece estar em crise, mas sim as formas clássicas de expressão social do religioso. É o que tem indicado, por exemplo, as investigações do Instituto de la Juventud en España. A mais recente pesquisa realizada por esse instituto aconteceu no final de 1999 entre 6.492 jovens com idades compreendidas entre os 15 e os 29 anos. Os dados do relatório dessa pesquisa ainda não publicados em meados de 2001, mas noticiados pelo Jornal *El País* no dia 20 de outubro de 2000, indicam um crescimento dos que não acreditam na religião e os indiferentes. Paralelamente, aumentou o número de jovens que afirma acreditar em profetas, enviados e eleitos (22.0% em relação a 15.0% em 1995, quando foi realizada a consulta anterior, cinco anos antes). Afirma-se que no final do milênio, 33.0% dos jovens acreditam em horóscopo, mais que na pesquisa anterior, quando esta percentagem era da 22.0%.

Também o Jornal *El Periódico* publicou no dia 18 de dezembro de 2000 dados reveladores de um relatório realizado pela Fundación Santa Maria. Somente a metade dos espanhóis acredita em um Deus pessoal, e apenas um terço vai à igreja com alguma freqüencia. Na Catalunha, 29.0% afirma não professar nenhuma religião. A queda da assistência à igreja seguiu uma tendência característica: a cada dez anos aproximadamente tem diminuído em dez pontos a proporção de católicos que vão de maneira regular aos templos: 53.0% em 1981, 43.0% em 1990 e 35.0% em 2000. 60.0% dos jovens de 12 anos iam à missa em 1988. Hoje, jovens de 24 anos, somente 16.0% o fazem. O sociólogo, diretor da pesquisa, teria declarado que paralelamente à queda da confiança na Igreja, teria aumentado a crença em outras manifestações, como os horóscopos. Acreditamos que esse país pode ser incluído na área cultural *sul da Europa*, seguindo os padrões de comportamento religioso encontrados para Portugal e Itália na pesquisa internacional.

A disseminação das atividades *New Age* ainda não foi examinada sistematicamente em uma perspectiva internacional. De acordo com algumas estimativas feitas por alguns estudiosos do assunto, cerca de 4.0% da população dos países da Europa ocidental e dos EUA encontram-se regularmente envolvidos em atividades *New Age*. Além desse relativamente pequeno núcleo de ativistas *New Age*, existe um círculo mais amplo de pessoas que são atraídas pela visão de mundo *New Age* e que ocasionalmente participam desse tipo de atividades. Algumas das técnicas consideradas *New Age*, tais como curandeirismo, geomancia, cartomancia e astrologia, pertencem ao repertório tradicional de cura e conselhos práticos das sociedades pré-industriais. Ao longo do processo de modernização, essas técnicas foram substituídas em larga medida pela medicina farmacêutica e pela moderna psicologia. Portanto, tais práticas deveriam ser mais populares nos países menos desenvolvidos da América Latina do que na Europa norte-ocidental e nos EUA. Por sua vez, essas práticas têm sido "redescobertas" pelo movimento *New Age*, que se originou nos centros urbanos das sociedades mais desenvolvidas e, por isso, devem ter ganho popularidade também nos países mais desenvolvidos. Um grande número de práticas espirituais e esotéricas, no entanto, derivam de culturas orientais e têm sido introduzidas na cultura ocidental de forma mais visível, apenas recentemente. Essas práticas (técnicas espirituais orientais, Tantra, I-Ching, cartas do Tarot, Reiki) têm sido disseminadas principalmente por meio da literatura esotérica e por meio de *workshops*. Como o *New Age* é uma reação às condições de vida das sociedades industrializadas, nós podemos assumir que a oferta e a demanda de literatura *New Age* e de *workshops* são mais amplas na Europa ocidental e nos EUA do que nos países menos desenvolvidos economicamente (América Latina, sul da Europa). Portanto, estudantes daqueles países devem ter mais acesso e experiência com as práticas mencionadas acima do que estudantes desses últimos.

Os dados da investigação mostram que a maioria dos estudantes teve algumas experiências com essas práticas. Um número considerável de estudantes teve um contato mais próximo com o mercado esotérico: entre 20.0 e 30.0% em cada país praticou ou experimentou pelo menos cinco (de uma lista de 12) diferentes técnicas. Contudo, somente uma pequena porção pratica um ou mais métodos regularmente. Esse resultado confirma um aspecto típico da religiosidade *New Age*: a tendência a experimentar várias técnicas ao mesmo tempo ou uma após a outra sem imergir profundamente em um método ou em uma prática específica.

O padrão de disseminação das atividades *New Age* entre as áreas culturais não é tão distinto como é o caso da religiosidade e das crenças ocultas. Métodos orientais de espiritualidade e cura têm sido praticados mais freqüentemente por estudantes dos países do norte e oeste da Europa. Fora da Europa, esses métodos têm um maior grau de disseminação nos centros metropolitanos (como Brasília, Montevidéo e Medellin) do que em cidades menores e mais provincianas. Os métodos esotéricos que já tinham uma longa tradição nas sociedades ocidentais (curandeirismo, cartomancia) são praticados mais freqüentemente pelos estudantes latino-americanos, mas também pelos norte-americanos.

Examinando os resultados internacionais das atividades *New Age* juntamente com os resultados da religiosidade e das crenças ocultas, pode-se afirmar que a prática esotérica na Europa norte-ocidental caracteriza-se pela utilização de métodos espirituais, místicos e esotéricos e tem se dado de maneira inserida em uma busca por experiências holísticas e por uma exploração da própria personalidade, marcada por um processo de psicologização e de criação de um novo estilo de vida, sem as conotações espirituais e religiosas tradicionais. Por sua vez, os métodos espirituais e esotéricos na América Latina e também nos EUA têm sido vistos dentro ou integrados a uma forma mais tradicional, isso é, ligados a um cosmo sagrado de entidades espirituais e divinas.

Insistindo em seu caráter contracultural, destacamos, no mesmo processo, o aumento do consumo de uma grande diversidade de práticas alternativas ou não convencionais. Essas, por sua vez, ancoram-se, de formas mais ou menos explícitas em conhecimentos, visões de mundo e práticas que são oriundas tanto de nossas próprias sociedades, características de seus tempos pré-industriais, de sua própria tradição, quanto do Oriente. E o rápido crescimento do número e da diversidade de grupos, de seitas, de doutrinas, de filosofias e de novas religiões nas últimas décadas tem sido um fenômeno bastante generalizado, não se restringindo ao Ocidente. No Japão, por exemplo, as religiões que têm surgido com maior intensidade parecem ser as chamadas Novas Religiões Japonesas. E são essas, dentro do conjunto de religiões japonesas, que também mais têm crescido, por exemplo, no Brasil. O Brasil e a Espanha participam intensamente desse processo, ainda que na Espanha e no geral, nos seus vizinhos europeus, o fenômeno esteja sendo estudado, sobretudo, a partir de uma perspectiva unilateral, que tende a lê-las particularmente a partir do "poder das seitas". Ainda que trabalhos, como os do escritor espanhol Pepe Rodríguez[17] já tenham aclarado o quanto adesão às seitas deve ser pensada a partir das condições psicológicas dos que nelas se envolvem ou de que se tornam adictos e que as seitas não são apenas religiosas.

Esta tendência a ler a busca por novas religiosidades como a adesão a seitas na Espanha talvez se deva a que, embora se possa observar uma quantidade grande de livrarias e lojas especializadas, de convites e anúncios de práticas típicas das novas religiosidades e de práticas alternativas ou não convencionais, tanto em Madrid como Barcelona, por exemplo, na Espanha o fenômeno não se faz tão visível quanto no Brasil, pois neste o sincretismo religioso é vivenciando de uma maneira bastante usual e tampouco é recente. Assim, há estudiosos que se referem à persistência de um sincretismo, ainda que modernizado e outros que indicam transformações sincréticas ocultas entre tradições, que no Brasil teriam encontrado condições férteis para se desenvolver. Finalmente, para vários autores, a sociedade brasileira seria constitutivamente sincrética. Nos 500 anos após a chegada dos europeus no Brasil, cruzaram-se negros, brancos, índios e asiáticos, favorecendo o convívio de uma multiculturalidade e de uma multirreligiosidade, propiciando, na atualidade a expansão de novas religiosidades e de novos métodos de cura e de espiritualidade. E isso seria particularmente verdade para Brasília, sua capital, que fica cada vez mais conhecida nacional e internacionalmente como a Capital do Misticismo ou do Terceiro Milênio.

Trata-se, esta, por vários motivos, de um espaço privilegiado para a investigação da expansão das novas

---

[17] Rodrígez, Pepe, **Adicción a sectas. Pautas para el análisis, prevención y tratamiento.** Barcelona: Editorial B , 2000; **El poder de las sectas.** Barcelona: Editorial B, 1998.

religiosidades, das práticas místico-esotéricas e das não-convencionais, porque se caracteriza como um campo de experimentação. Ademais, como afirmamos anteriormente, a busca por novos métodos, sobretudo os orientais, de espiritualidade e de cura, tem sido praticada mais freqüentemente por estudantes dos países do norte e oeste da Europa. Entretanto, esses métodos têm um maior grau de disseminação nos centros metropolitanos, tais como Brasília, onde seus níveis de consumo se acercam aos níveis de consumo existentes naqueles países europeus. Assim, os dados e reflexões, frutos de uma pesquisa que estamos desenvolvendo no Departamento de Sociologia da Universidade de Brasília desde 1994, com apoio da FAP-DF (Fundação de Apoio à Pesquisa do Distrito Federal) e do CNPq (Conselho Nacional de Desenvolvimento Científico e Tecnológico do Brasil), podem ser, certamente, bastante generalizáveis para o resto do ocidente, em que o fenômeno da expansão de uma nova religiosidade ou de uma nova consciência religiosa está se dando, como de resto, demonstraram os dados da pesquisa internacional com estudantes. Assim, a seguir, apresentamos dados sobre a capital do Brasil e região.

Brasília e o Planalto Central do Brasil[18]

Transferir a capital para o centro do país foi um sonho antigo de muitos brasileiros, projeto que constou em definitivo na constituição de 1891.

O Presidente Juscelino Kubitscheck, quando em campanha eleitoral, em Goiás, em 1954 teria declarado:

---

[18] Consultar, para maiores detalhes, o artigo de Deis SIQUEIRA e Lourdes BANDEIRA, *O profano e o sagrado na construção da "Terra Prometida"*, **Brasília: a construção do cotidiano**, NUNES, B. F. (org.), Brasília: Paralelo 15,1997.

Se for eleito, construirei a nova capital e farei a mudança da sede do governo. Essa será minha missão. Minha fé é mais forte que meu bom-senso. A partir daí foi se tornando cada vez mais popular a profecia do jovem padre salesiano Dom Bosco, feita em 1883, de que entre os paralelos 15º e 16º, no planalto central do país, se concretizaria uma grande civilização, uma Terra Prometida, a bordo de um lago, onde correria leite e mel. E a capital, e seu grande lago, foram inaugurados em 1960.

Brasília nasceu a partir de dois grandes mitos de criação: a Cidade Utópica e a Terra Prometida. O primeiro está inscrito no planejamento urbano e na arquitetura futurista do Plano Piloto, que tem a forma de um avião ou de um pássaro em vôo, ou ainda de uma cruz. Nas asas localizam-se as residências. Na parte superior do corpo do aeroplano, o governo local e na parte traseira, os três poderes federais e a catedral. A maior parte da população vive nas cidades que crescem vertiginosamente ao redor do avião e que são chamadas de Cidades Satélites. Os fundadores da cidade estavam imbuídos do sonho e da missão de inaugurar um novo tempo e uma nova *civitas* para o país, a partir da construção de uma capital ancorada no belo, na igualdade e na universalidade. Assim, por exemplo, os edifícios localizados nas asas foram planejados de tal forma que todos pudessem desfrutar da vista do lago, também construído para melhor abastecer a cidade. Sua inovação urbanística e arquitetônica é reconhecida mundialmente, tendo sido declarada patrimônio da humanidade.

Este mito acaba por convergir com o outro, místico, referenciado principalmente nas profecias de Dom Bosco, que se tornou inclusive o padroeiro da cidade. Coincidência ou não, esses dois mitos estão na base do fenômeno místico-esotérico que designa Brasília como a Capital do Terceiro Milênio ou da Nova Era.

O fato é que a profecia de Dom Bosco foi se materializando. Há na capital e na região, um número cada vez maior de grupos que estão tentando construir uma nova consciência religiosa, referenciada, em muitos casos no Terceiro Milênio ou a Nova Era. Não apenas surgiram alguns grupos, juntamente com a capital, como é o caso da Cidade Eclética, do Vale do Amanhecer e da Cidade da Fraternidade, mas o número desses continua a crescer, tendo sido criados, transferidos de outros locais ou fundados, a partir de sonhos e de premonições de pessoas e de grupos que continuam a chegar, certos de que na região se gesta uma Nova Civilização.

Mesmo religiões tradicionais, tais como os budismos e outras religiões centradas nas Escrituras Védicas, estão sendo revividas no Ocidente e particularmente em Brasília, dentro da perspectiva de uma nova religiosidade e de um novo estilo de vida, que se diferenciem das religiões ocidentais tradicionais, isto é, as cristãs. É por isso que mesmo essas religiões tradicionais, tais como os budismos, são aqui também incluídas como grupos místico-esotéricos, na falta de um conceito mais preciso. São religiosos, mas em sua grande maioria, não se considera religião. Ou se assim se consideram, esse não é o aspecto mais importante de seus caminhos, de suas apropriações e de suas construções. Tampouco podem ser considerados como seitas, ainda que algumas até possam sê-lo, em seu sentido básico, de partir, apartar-se, cortar, ou seja, que têm a marca da separação e da intensa vida e identidade comunitária de seus membros. Ao contrário, assim como as pessoas circulam bastante pelas práticas místicas, esotéricas e não convencionais, também circulam por esses diferentes grupos. É grande o número de pessoas que está construindo sua religião numa espécie de *bricolage*, compondo, por conta própria, doutrinas, práticas, rituais, que vão sendo incorporados a partir de vivências ou experiências em vários desses grupos místico-esotéricos e com as práticas não convencionais ou alternativas de cura, de autoconhecimento, em boa medida associadas aos valores e visões de mundo desses grupos.

Os Grupos localizam-se tanto no Plano Piloto, quanto na região do Distrito Federal, no planalto central do Brasil. Neste, destaca-se o povoado de Alto Paraíso, que se localiza a apenas 230 Km da capital, vizinha do Parque Nacional Chapada dos Veadeiros, ou seja, área de reserva ambiental. Aí se concentra grande número de grupos místico-esotéricos.

A maioria destes grupos chegou a partir de 1990, mas há grupos que ai se instalaram na década de 1960, tendo como indicação apenas algum rio ou córrego ou alguma árvore específica. Assim, as predestinações se referem tanto a Brasília, quanto à região. Alto Paraíso é considerada quase que consensualmente como o *ckacra* cardíaco do planeta. *Chakra*, em sânscrito, significa roda, centro, plexo. A anatomia e a fisiologia hindus ensinavam que o corpo humano tem sete *chackras* principais, desde a base da coluna vertebral até o alto da cabeça. Utiliza-se a mesma compreensão para a Terra, que teria vários *chakras*. O *chakra* cardíaco seria onde bate o coração do planeta.

Existam, ou não, placas de cristal no subsolo da região, esteja nela localizado, ou não, o *ckacra* cardíaco do planeta, o planejamento urbanístico e a arquitetura do Plano Piloto (sua forma, edifícios que lembram pirâmides, templos religiosos exóticos em espaços privilegiados da cidade) continuam sendo símbolos que renovam a cada dia a certeza dos sonhos originais de universalidade e de futuro que marcaram a fundação da cidade.

Na capital vem sendo concretizado o convívio, a integração e a sintetização de doutrinas, de crenças e de visões de mundo que nasceram na Índia, no Japão, no Tibet, no Egito, na Amazônia. Vai se tecendo, juntamente com a pluralidade de regiões, de etnias, quotidianamente, a universalidade e a integração tão sonhada. A profecia vai sendo tecida. O mito vira lenda e a lenda vai referenciando a construção da realidade.

A título de exemplo citamos o caso do Templo da Boa Vontade (TBV). Apesar da Catedral de Brasília ser reconhecida mundialmente por sua originalidade, o TBV é o monumento mais visitado da cidade, segundo dados da Secretaria de Turismo do Distrito Federal.

O Templo da Boa Vontade, TBV, "uma viagem ao Terceiro Milênio", como é definida em suas próprias publicações, é uma pirâmide branca de sete lados encimada por um cristal gigantesco, parte do complexo arquitetônico construído pela Legião da Boa Vontade, LBV, e inaugurado em 1989. Desde então tem permanecido aberto ao público ininterruptamente. É definido pela LBV como *um teto sob o qual os seres humanos e espirituais se sintam em paz ... Ela singulariza pioneiramente o ideal de promover o Ecumenismo sem restrições, tendo como supremo objetivo confraternizar pessoas de todas as raças, filosofias, credos religiosos e também ateus e materialistas.* O complexo, situado privilegiadamente, no final da Asa Sul do Plano Piloto de Brasília, possui, além do Templo, uma Biblioteca e o Parlamundi, que, na prática, é um grande e extremamente bem aparelhado centro de convenções cujas salas estão disponíveis para a realização de congressos e eventos do gênero.

Quanto ao espaço, a pirâmide é oca e há na nave uma mesa com um vaso de vidro que guarda a água fluidificada pelo cristal, além de alguns bancos nas laterais. Há também uma obra de arte que simboliza os quatro elementos da natureza – terra, fogo, ar e água – na qual se pode ler a inscrição *Todo dia é dia de mudar o*

seu destino. No topo há uma estrutura metálica cumprindo a dupla função de clarabóia e suporte do cristal; o piso possui duas espirais, uma clara e outra escura, cujos centros coincidem com o da pirâmide. Normalmente, o visitante percorre lentamente a espiral preta rumo ao centro, meditando ou orando (a escolha é livre, afinal, trata-se de um santuário ecumênico), e volta pela espiral branca, ("energizado", "mais leve", "mais limpo") terminando o trajeto em frente à obra de arte já mencionada. Alguns visitantes fazem o percurso descalço, outros, com pressa.

Apesar da grande diversidade de grupos, de rituais, de doutrinas e de suas origens, há uma série de elementos, de significados ou de visões de mundo que são comuns, que transversalizam os diversos grupos. Talvez esta tenha sido uma das descobertas mais interessantes desses anos de investigação.

Claro então que não se trata aqui propriamente de um estudo comparado de religiões. O fato é que essa transversalidade de significados, de visões e de valores apresentou-se durante a pesquisa. Por trás da enorme diversidade de origem das doutrinas, das práticas e dos rituais, surgiu a riqueza da coincidência de significados. Esses tiveram como fonte principal de investigação, longas entrevistas abertas e gravadas. Realizadas com lideranças de dezessete grupos místico-esotéricos do planalto central brasileiro, compondo um total de oitocentas páginas digitadas além de dados reforçados pelas informações obtidas por meio de um questionário, com a maioria das questões abertas, respondido por duzentos adeptos ou freqüentadores de mais de quarenta grupos. A amostra das lideranças que foram entrevistadas na primeira etapa da pesquisa, foi composta a partir da indicação das próprias lideranças no sentido de quais eram os grupos mais importantes ou significativos. Reordenadas as informações das entrevistas em um roteiro comum, pudemos identificar à referida transversalidade, ainda que esse não fosse nosso objetivo ou hipótese. Não contávamos, inicialmente, com essas coincidências. Tratou-se da primeira certeza de que, metodologicamente, o objeto de pesquisa pôde falar por si mesmo. Fez-se sujeito, desde o início da investigação.

Tratam-se, principalmente, das noções de carma e de reencarnação; da ênfase dada ao desenvolvimento da espiritualidade; da destituição da centralidade do Ego e do desejo; do desapego da materialidade e do mundo de ilusões que a caracterizam; do trabalho e do esforço de se encontrar, individualmente, o divino que estaria em toda e qualquer pessoa, holismo, ecumenismo, que serão apresentadas a seguir.

Parte 2

As novas visões de mundo, filosofias, significados e valores das novas religiosidades ou da nova consciência religiosa

O[1] texto que segue é composto, em boa medida, pela fala das lideranças entrevistadas. Ao final de cada trecho das entrevistas que foram incorporadas, indica-se o nome do grupo que falava, pela liderança. Também não houve privilégio de um ou mais grupos em termos de seleção dos trechos que foram incorporados. Esses foram se impondo, num movimento de tornar vivos os significados, os valores, as visões de mundo, que são mais comuns à nova consciência religiosa.

Carma e Reencarnação

E todos os carmas serão cumpridos

As noções de carma e de reencarnação são, sem dúvida, as mais comuns, tanto no discurso das lideranças, quanto no dos freqüentadores dos grupos investigados.

Apesar da incorporação da noção de reencarnação ser relativamente recente no ocidente, já era ensinada aos gregos. Platão a utilizou como tema do mito de *Er*, no final de *A República*. Não é conhecida na Bíblia, mas foi atacada por Santo Agostinho e condenada pelo Concílio de Lyon em 1274. Fez parte da compreensão de mundo de muitos povos e surgiu na Índia como uma doutrina religiosa-filosófica por volta de 600 a.C. Adotada pelo budismo, foi difundida na Ásia. No Islamismo o termo árabe para transmigração ou reencarnação é *Tanasukh*. Trata-se de uma noção básica para o espiritismo cardecista e para outras correntes espíritas, espiritualistas, teosóficas e esotéricas.

---

[1] Maiores detalhes podem ser encontrados em SIQUEIRA, Deis, *Novas religiosidades na capital do Brasil*, IN **Tempo Social. Revista de Sociologia da USP**, Departamento de Sociologia, Faculdade de Filosofia, Letras e Ciências Humanas da Universidade de São Paulo – vol. 14, no. 01, maio de 2002, São Paulo: USP, FFLCH, 1989.

As noções de carma e de reencarnação informam dois significados básicos:

a) lei de causa e efeito ou lei de ação e reação. Ou seja, o sexo, as condições socioeconômicas, a saúde, de uma pessoa, de um grupo ou mesmo de um povo, são explicadas ou compreendidas pelo comportamento e pelo desempenho das pessoas em suas vidas passadas, suas encarnações anteriores - carma a saldar.

> *A gente entende que não cai uma folha de uma árvore sem ter um porquê de ser ... Não existe acaso, não existe coincidência. Essas palavras não deveriam nem existir no dicionário. Então, se existem pessoas que estão morrendo ... bombas caindo em cima, pegando Aids e outros avisos mais, a explicação é simples. Na verdade, a verdade mais oculta da coisa é que é difícil de entender* (Arcádia Irmandade da Luz Solar).

A reencarnação é um princípio que a Ordem admite e trabalha com ele (Ordem Rosa Cruz - AMORC).

Santos ficam no céu ou nos céus. Então todos aqui estão cumprindo carma. Todas as nossas vidas são carmáticas (Legião da Boa Vontade).

> É causa e efeito, simultaneamente, porque toda ação gera uma força, energia ou movimento que retorna àquele que age, com a mesma intensidade. Nesse sentido, o carma define nossos destinos: em princípio, tudo o que se deve ao Universo tem que ser pago. Consubstancia os princípios de mérito e de demérito, justiça permanente e imanente, merecimentos e sofrimentos.

> A teoria do carma é uma teoria de causas e efeitos, de ação e reação. Ela exprime uma lei natural que nada tem a ver com a justiça redistributivista. Toda a ação que se apóia na vontade produz seus efeitos, seus resultados (Budismo Tibetano).

> Estamos aqui numa escola de reforma do homem para justamente tentarmos resgatar o nosso carma, ou seja, a parte da dívida (Fraternidade Eclética Espiritualista Universal - Cidade Eclética).

O passado determina o presente, assim como esse determina o futuro. Portanto, não existem nem favoritismos, nem predestinações ou arbítrios de Deus. O homem é o árbitro de seu destino porque ele faz suas escolhas. Ele tem livre-arbítrio.

> ... se hoje eu sou um ser humano, antes eu fui animal, pedra, água, fui tudo isso, até eu chegar na existência humana ... e se você for abaixando muito o seu nível de sintonia, você volta a ser animal sim. Para poder aprender de novo (Budismo Terra Pura).

b) noção de evolução dos indivíduos e da própria humanidade: é a possibilidade que os indivíduos têm de evoluírem, a cada encarnação, limpando o carma. Nesse sentido, a existência de uma pessoa constitui-se numa seqüência de vidas identificadas por muitos grupos como a roda das encarnações, ou *Samsara*.

Assim, a idéia de reencarnação, além de se basear na pluralidade de existências na terra - a vida que se vive no momento não é a primeira - também se baseia na idéia de que há um progresso contínuo para a perfeição do espírito. Em cada nova encarnação a alma progride e evolui na medida dos esforços pessoais. Todos os males serão reparados com expiações e sofrimentos pessoais nas próximas encarnações.

Mas pode-se transformar ou se transmutar esta vida em uma experiência menos dolorosa, mais agradável ou mais positiva. Daí decorre a noção de darma ou de propósito de vida: reencarna-se para se cumprir um propósito.

Há que se descobrir as razões ou motivos da encarnação atual, ou seja, cumprir sua missão: identificar dificuldades, problemas, mas também qualidades e talentos específicos de cada um e desenvolvê-lo, contribuindo para a auto-evolução e simultaneamente, com a humanidade.

O encadeamento de causas e de efeitos concatena a pluralidade de existências ou encarnações de cada alma numa evolução em direção a Deus, à iluminação, ao todo, à perfeição, à unificação com a consciência do cosmos. Assim, pode-se sonhar com

> Só o fluir ... Esse é o darma da Humanidade (Osho)
>
> A reencarnação da alma cumpre não apenas a lei da expiação de erros cometidos em vidas anteriores, mas também uma progressão na escala da perfeição, a partir de méritos pessoais. Pode-se vencer a morte.
> Nós somos o apanhado de várias vidas anteriores ... o que passa pelo processo de reencarnação é um contínuo mental ... Se você alcança a iluminação, você não volta mais aqui, você não toma mais este corpo. Encerra a roda de encarnações. Passa para outro estágio ... nossa escola está fundada na figura do Buda Amida ... alcançar o Nirvana imediatamente após a morte. Se a gente se entrega aos ensinamentos de Buda, a gente se entrega ao darma, procura vivenciar o darma, enquanto estamos vivos aqui, para nós esta é nossa última vida aqui, a próxima é o Nirvana (Budismo Terra Pura).

Visibilidade do Eu interior, Eu superior, Eu maior, Eu crístico ou Eu próprio.

Conhece-te a ti mesmo

O mundo é constituído de aparências. As pessoas são moldadas e padronizadas pela sociedade - mundo exterior. Cabe a elas descobrirem o seu Eu interior, Eu superior, Eu crístico ou Eu maior. As denominações variam, mas a noção é a mesma.

A descoberta ou o encontro dessa dimensão interior, transcendente às determinações socioeconômicas, culturais e históricas pode ocorrer de maneira própria em cada grupo, mas as técnicas e os caminhos são similares. Esses podem ser a meditação (vários tipos, tais como o Zazen do Zen Budismo, a meditação transcendental), o silêncio, a quietude, a contemplação, a recitação de mantras (repetição falada ou cantada, associada à repetição que produz uma sonoridade própria), o uso de alucinógenos ou enteógenos (por exemplo, a ayahuasca utilizada pelo Santo Daime). A solarização ou criação do corpo solar, método desenvolvido por Satya Mila, do Instituto Solarion, é referido, segundo a mesma,

> como ... toda uma estrutura energética ... que fica sendo parte de nós, de nosso campo energético e físico ... em todos os níveis ... Portanto, através do contato com o Eu superior contata-se com todas as inteligências do universo ... De Buda para cima.

Pode-se afirmar que todos, ou a maioria dos grupos objetivam um estado de percepção alterado, no sentido da possibilidade de que se esteja consigo mesmo, com esta dimensão interior transcendente, que normalmente está adormecida ou esquecida em nós mesmos.

Com relação aos mantras, nos conta a liderança entrevistada do Budismo Terra Pura:

> ... vai provocar dentro da pessoa que recita, que sintoniza com aquela prática, uma conscientização de que ela sempre esteve imersa nessa luz eterna, só que não percebia isso.

E a Fraternidade Eclética Espiritualista Universal – Cidade Eclética, indica o processo de resgate do carma trabalhando-se muito em comunidade e *pondo para fora seus leões, tigres e panteras*": necessidade de catarses no coletivo para se progredir.

As técnicas de meditação geralmente objetivam o acesso ao vazio, isto é, ao espaço entre os pensamentos, mergulhar no silêncio, lugar que seria o da essência, da consciência do verdadeiro Eu ou da Consciência, liberando-se e libertando-se dos desejos, das vontades, dos valores, das classificações, das críticas e dos julgamentos.

> ... tudo é vazio ... nós vivemos no mundo da forma, mas essa forma tem como fundo, o tempo todo, o vazio. O vazio é que dá forma a todas as formas existentes. O próprio Universo é muito mais vazio do que massa ... O Zen é conhecido como a doutrina da não mente e com o Zazen (meditação), a gente vai procurar ver de dentro dessa não mente ... mente flexível, para viver o momento presente em plena atenção, precisamos desta flexibilidade ... o Zen está acima do dualismo ... Ora, como é exatamente o dualismo que é uma ilusão, uma forma de ilusão ... é uma das principais fontes de sofrimento, em decorrência do qual a gente faz todas as discriminações, a discriminação vem do dualismo (Zen Budismo).

A respeito da experiência com a ayahuasca, podemos ler alguns trechos escritos pelo antropólogo Luiz Eduardo Soares:

> ... *o outro interno devolve-nos a nós mesmos alienados ... se não cabemos inteiramente em nomes e pronomes, é porque somos maiores e menores do que nós mesmos ... revela a finitude humana, expressão maior e sintética de nossa fragilidade, da debilidade de nosso corpo, da precariedade de nosso poder sobre o destino ... a finitude traída pela fetichização do ego...*[2]

---

[2] SOARES, Luiz Eduardo, *O Santo Daime no Contexto da Nova Consciência Religiosa*. IN: **O rigor da indisciplina.** Rio de Janeiro: Relume-Dumará, 1994.

Pode-se afirmar que conhece-te a ti mesmo é uma máxima que transversaliza os grupos. Ou como diria a Ordem Rosa Cruz-AMORC, dois princípios básicos da Ordem seriam o conhece-te a ti mesmo e o auto-aperfeiçoamento.

E este caminho de autoconhecimento visa à essência pura, à essência espiritual, à essência do ser, à consciência pura, à consciência expandida, à verdadeira natureza, à verdade universal ou absoluta, ao Eu mais profundo ou ao verdadeiro poder. Isto por que somos demasiadamente influenciados pelo que acontece fora de nossa natureza interior: situações, contextos, expectativas. O ego reflete a nossa auto-imagem e nos movemos a partir das máscaras sociais, das representações e das necessidades de controle, de aprovação, de aplausos: mental racional de pessoas movidas pelo ego.

Há que se livrar desse ego (zerar, acalmar, transcender), porque há a possibilidade de se transcender o mental racional, assim como há a possibilidade de se transcender a ciência atual, assentada na mente, na dualidade e na racionalidade cartesiana.

> Quando você passa para uma quarta dimensão já ligada com o Eu superior, numa consciência expandida, você não usa mais o mental racional, mas passa a usar o mental consciente. A palavra consciência vem de que você tem a ciência da vida e então, essa ciência engloba todas as ciências, você não precisa mais ficar estudando que nem um doido para aprender, porque você já tem o conhecimento da ciência. Simplesmente você vai aprender, na verdade, é acessar aqueles registros. Nós sabemos que dentro do nosso cérebro existe uma réplica do universo inteiro, então todos os milhões de livros que poderiam estar escritos sobre o universo está tudo aqui dentro; da mesma maneira que você pode conhecer o ser humano analisando as formas das mãos, ou analisando a fisionomia, ou a iridologia dos olhos, tudo dá para traçar um perfil da pessoa, você tirar uma célula e

> reproduzir um outro ser humano igualzinho, assim, também você pode pegar um cérebro humano e criar um outro universo ... É essa consciência ... nos conhecimentos com o cérebro mais alto, um cérebro astral, um cérebro espiritual, como queira chamar ... E esse cérebro, esta outra mente, ela está se interligando ao homem nessa época em que vivemos. Ela está se acoplando à semiconsciência. Nós temos inclusive um mapeamento do cérebro mostrando a imagem do cérebro astral, extra-físico, mostrando as regiões onde estas mentes operam. Os pensamentos geram deteriorizações orgânicas impressionantes ... a própria ciência está descobrindo atualmente (coisas) que o misticismo já sabia há anos (Arcádia Irmandade da Luz Solar).

O homem já teria vivido um tempo excessivamente longo centrado no pensamento racional, no mental racional.

> Não adianta a ciência se desenvolver, desenvolver aparelhos incríveis para cura, se não curar a mente do homem. Porque o que está provocando toda essa maldade, toda essa revolta, tudo isso que acontece ali, são padrões de pensamentos errados, padrões de pensamento de ódio, de orgulho, de revolta, de inveja. Essas coisas é que são as verdadeiras doenças da Humanidade. As doenças físicas, essas outras coisas que acontecem, os acidentes, os incêndios, são todos conseqüências, são efeitos simplesmente. Uma seqüela (Arcádia Irmandade da Luz Solar).

> O Dr. Fritz faz trabalhos já há muitos anos aqui no planeta terra e este trabalho que ele começou aqui na terra, a Humanidade científica não tem condição de entender (Associação Holística Vale do Sol).

> O mundo é uma ilusão: anular o Ego e desapegar-se O que nos afasta de Deus é o orgulho, o falso ego ... Nós estamos no meio do oceano de ilusão, oceano de Maia
> (Hare Krishna)

O mundo material e o mundo social onde vivemos são sobretudo aparências. São puras ilusões.

> ... o que está aqui no planeta não existe, é apenas uma ilusão coletiva ... a ilusão deveria ser uma coisa estudada em Universidade. De modo científico (Arcádia Irmandade da Luz Solar).

A partir do desenvolvimento espiritual, pode-se ter a consciência do mundo como ilusão, o que implica superação da dimensão do ego. É o ego que se apega ao mundo da materialidade e dos falsos valores.

> O ego é só um chato você vai ter que lidar com ele, mas efetivamente atrapalha a fluência humana, a amorosidade humana, a inteligência humana. É essa carga que Freud chamou de superego. Que se mantém cerceado o tempo todo, e isso é contra a vida, contra a inteligência, contra a amorosidade, é contra tudo. É só para te defender, te defender, te defender e te fazer agir como um autômato (Osho).

Assim, afirmam os budistas que não devemos nos preocupar com a matéria no sentido pleno, porque esta existe, mas faria parte do próprio desapego que deve ser praticado. *Aquele que tem o sentimento de compaixão, do desapego, este não submerge à materialidade* (Budismo Tibetano). E a morte do ego possibilitaria a anulação do desejo e do desapego (riqueza, sexualidade, *status*, bens materiais, vaidade, poder) .

> Esmagação do ego o tempo inteiro. O ego ficar mais devagar ... O objetivo é este, tua presença divina te comandar. Você estar tão aberto, tão conectado com a sua divindade, que ela vai te guiando e vai ficando tudo claro e perfeito, é a sua mente que atrapalha, seu ego que atrapalha ... A mente da gente, o ego, os conceitos, tudo o que é velho é que atrapalha. Então, o objetivo é esse, é

acalmar, aquietar, zerar a mente e zerar o ego. Botar ele no lugar dele, somente para coisas práticas, para você contar, ter memória, saber onde estão as coisas (Associação Cúpulas de S. Germain).

Nesse mesmo sentido afirma o Instituto Solarion:

> ... é em nível espiritual, que é o objetivo do trabalho, como contatar o Eu superior, aprender a diferenciar a voz interior, que aconselha bem, daquela que não aconselha bem, ligada ao ego.

O padrão solar é uma referência de muitos grupos. Como afirma a Associação Cúpulas de S. Germain: "*O importante é ser sol*". E assim se expressa a Arcádia Irmandade da Luz Solar:

> A preparação do ser para reintegrar as suas verdadeiras energias, o que a gente chama o padrão solar, é o ser ligado ao cosmos, à sua integridade, ligado ao Eu superior, ao Eu maior, que isso exige uma série de preparações internas, esse vencer o ego ... uma entrega ao plano divino ... (vencer o ego) é o trabalho mais difícil, vencer a si mesmo. Da gente vencer as ilusões, os maias, os véus, então, com nosso trabalho interno de resgate de pessoas é esse trabalho de recuperação interna, da pessoa discernir o que vem da consciência inferior é ego, a superior é o Eu real, as intuições sendo passadas, aqueles sinais ... então a gente vai limpando a área, desbloqueando com o trabalho, as pessoas, para elas terem o contato pleno. (O ser angélico) é um aspecto interno que vai fluindo naturalmente. "Nós temos um trabalho de desperte seu ser angélico". É o resgate do ser angélico: ser puro, verdadeiro, correto e íntegro ... Quando se fala ... que o Cristo voltaria, não é Jesus que volta, ele não volta mais. Quem volta é o Cristo que disse que apareceria em toda a terra e está nascendo dentro de cada um ...

E no momento em que vivemos, de possibilidade de passagem da terceira para a quarta dimensão, nosso Eu superior estaria se ligando cada vez mais aos homens e às mulheres, caracterizando um período de salto quântico:

> E a pessoa vai entrando num processo de autoconhecimento profundo, vai fazendo com que ela entenda um sentido profundo para a sua vida, então vai tendo essa ligação com o divino, com o seu Eu divino, que é muito sutil, esse lado mais puro do ser, do amor, nosso trabalho é muito do despertar do amor crístico em cada ser, que essa é a grande chave dessa Nova Era que se aproxima, o Terceiro Milênio ...
> Você tem que atingir um nível em que não precise mais de corpo, nem de forma, onde o poder mental deles (seres evoluídos) é uma luz, pode adquirir todas as formas que quiser, sem precisar ficar limitado a uma dessas formas, como muitas hierarquias extraterrenas em níveis maiores, que estão milhões de anos na frente da terra, são assim. Então eles têm objetivo evolutivo ainda para ser alcançado, aí, quando chega, alcança o nível, de sexta dimensão, primeira coisa que acontece: ele vai olhar para trás e olhar para si mesmo e vai se reconhecer. Porque a consciência total de ser e de existir, você só alcança quando chega lá, nesse nível, de sexta dimensão. É como se você se olhasse no espelho e visse o próprio Deus ali na frente (Arcádia Irmandade da Luz Solar).

Assim, há a possibilidade evolutiva de independência da alma em relação ao corpo, na medida em que essa progride, avança, pode chegar a se tornar livre para sempre do corpo e da matéria: iluminação, libertação ou budização. Enquanto a alma está presa ao processo cármico-roda das encarnações-*Samsara* e não inteiramente liberta do ódio, da inveja, da ganância, dos desejos, estará presa à necessidade de reencarnação-renascimento.

> Iluminação é o florescimento pleno da condição de Buda, da condição de Buda interno. É o último estágio de perfeição interior, de santidade interior, de paz de espírito

> ... o primeiro passo para se encontrar o Buda é reconhecer que somos profundamente miseráveis ... se a gente não se ver como a gente realmente é, se a gente não tirar a máscara, a gente não alcança o Budato, não faz nascer essa compreensão interior ... (Budismo Terra Pura).

O carma pode portanto ser apagado e o sofrimento pode ter fim. Ainda que a noção de "não desejar o desejo" seja mais explícita nos grupos budistas, ela está presente, de uma forma ou de outra, nos demais. Citando os budistas:

> O carma existe porque existe o desejo, é uma compulsão. Enquanto o ser humano tem desejos, ele vai ter carma, ele vai gerar um carma ... Que toda esta confusão, esse turbilhão de Samsara, tudo é muito ilusório, tudo é muito efêmero, transitório. A vida é transitória, a vida é passageira (Budismo Terra Pura).

A noção de desapego é, portanto, fundamental. Desapego tanto da materialidade, quanto das afetividades. E dos desejos, como afirmam os budistas. Há que se libertar da roda da eterna falta de algo.

> ... como eliminar o sofrimento? Exatamente acabando com o apego, acabando com os desejos insaciáveis, porque estão sempre se renovando a cada dia. É o apego aos desejos que causa o sofrimento (Zen Budismo).

Além do mais, trata-se de alcançar a libertação da condição corpórea, encontrar a felicidade eterna, a iluminação ou o Nirvana:

"Todos visam o Nirvana (Budismo Terra Pura)".

A divinização do indivíduo e a recuperação da magia.

Nós somos Deuses, todo mundo é Deus
(A. Cúpulas de S. Germain)

Todos nós somos Deuses
(Ordem Espiritualista Cristã Vale do Amanhecer)

Ainda que todos os grupos tenham seus mestres e suas divindades reverenciados e a referência a Deus seja uma constante, cada vez mais se fortalece a idéia de que o divino se encontra no indivíduo, é parte intrínseca do mesmo. Há que desenvolvê-lo e cultivá-lo.

> Você cria o seu passaporte, que você tem todas as energias em você ... É essa a sua chave para entrar nos outros mundos superiores, seja você transportando com o seu físico para outro lugar, ou depois de morrer (Instituto Solarion).

Divino é o que diz respeito ou é pertencente a Deus. Divinização seria a participação na vida interior de Deus mesmo, penetração e permeação daquilo que é essencialmente humano, por parte daquilo que é essencialmente divino. Diz respeito tanto a um estado interior do homem, capaz de ver, sentir Deus, quanto a uma nova formação de toda subjetividade pessoal do homem à medida da união com Deus em seu mistério, iluminação e intimidade com ele, numa perfeita comunhão das pessoas. Esta intimidade – com toda sua intensidade subjetiva – não absorveria a subjetividade pessoal do homem. Antes pelo contrário, a faz ressaltar numa dimensão incomparavelmente maior e mais plena.

Além do individuo poder ter livre arbítrio, fazendo escolhas, pode, a partir de técnicas, de exercícios, de orações, de meditações, tornar-se cada vez mais poderoso, diferenciando-se das dimensões sociais e emocionais do cotidiano, tornando-se detentor de outros mecanismos ou canais de interlocução, tanto com os indivíduos e grupos, quanto com o espiritual e com o divino.

> A gente toma o Daime, mas a gente está buscando é o ser divino, que independe do Daime ... que você vai acessar planos em níveis de energia, que de repente um yogue pode demorar um ano, sei lá quanto tempo para acessar com a sua meditação e o Daime catalisa, ele te põe ali rapidamente nesses planos (Santo Daime).

Instala-se a possibilidade da magia: arte ou ciência oculta em que são utilizados poderes invisíveis (mentalização de cores, por exemplo, visibilização da aura, poder e comunicação com as plantas, com os duendes), para se obter fins visíveis. Instrumento ou signo humano utilizado com o intuito e a esperança de se obter influência ou poder sobre o mundo. A magia poderia ser considerada o apanágio daqueles que sabem e que podem, utilizando-se desses poderes – a força vital que está em Deus e nas pessoas e é inerente ao cosmos, para o bem próprio, de outro ou da comunidade.

> Nós manipulamos forças. Manipulamos energias astrais, magnetismo do ser humano. Tudo isso acumula, se você não manipular isso, não abrir a torneira ... E essa força que está sendo gerada constantemente em você, já com a porta aberta, iniciática, tem que ser colocada à disposição, pelo que você jurou se propor. Eu juro ajudar a Humanidade (Ordem Espiritualista Cristã Vale do Amanhecer).

O livro editado pela Associação Cúpulas de S. Germain conteria todas as orientações necessárias:

> Qual visualização, como visualizar, como fazer os mantras, as afirmações, tudo o que as pessoas podem fazer para tornar a vida delas mais harmônica, melhorar a vida do planeta ... Porque energia pura não tem qualida-

> de e aí você imprime uma energia nova com ela, usa a chama rosa, imprime amor, usa a chama dourada, imprime sabedoria, pronto, re-qualificou. É uma atividade que as pessoas podem fazer por si mesmas.

Com isso, parece que há uma retomada da magia, por parte dos grupos místico-esotéricos pesquisados, como forma originária de religião, como afirmou o antropólogo Frazer, no século XIX e que seria diferente da ciência em seus caminhos para dominar as forças misteriosas e desconhecidas da natureza-cosmos.

> ... sete cores são as cores do arco-íris. Cada cor tem sete virtudes divinas ... por exemplo, se eu preciso de proteção, eu vou invocar o raio azul, que é o primeiro. Entre as sete virtudes do raio azul, tem a proteção. Se eu preciso de cura, eu vou invocar o quinto raio, o raio verde, através desse raio verde eu vou curar a mim, ou as pessoas. Se eu preciso de iluminação,de fazer um trabalho, preciso ter uma idéia boa, eu invoco o segundo raio que é o raio dourado: sabedoria, iluminação e discernimento ... os nossos serviços divinos, que a gente chama de decreto, são divididos em partes fundamentais: a visualização que é o poder da mente. Então a gente senta, coloca a música clássica que é para elevar a mente, põe incenso que é para purificar o ambiente e põe cristais que vão ampliar essa energia. Senta em círculo, como se estivesse na Távola Redonda, cada um no local energético demarcado pelo Mestre El Morya ... O oficiante que rege o poder da visualização ... e o poder da mente, depois a gente vai usar o poder do verbo que é fala com ritmo. Então, essas tônicas vão dar a implantação dessa expansão de luz (Cavaleiros de Maitreya).

Em princípio, a magia não é considerada, necessariamente, não-religiosa, mas pode tornar-se, ao voltar-se contra as forças da vida (Deus) ou integrando-se a maquinações tenebrosas, com intenções malévolas ou anti-sociais.

A magia tem sido, historicamente, criticada ou negada por muitas religiões e o racionalismo da modernidade tentou destituí-la como um engodo ou mesmo como equívoco das chamadas sociedades primitivas ou pré-modernas.

Ela pode ser praticada à margem e às vezes até em oposição à religião, atendendo mais aos interesses no sentido de se obter benefícios ou exercer malefícios. O cotidiano dos israelitas era repleto de magias no sentido de reconhecer, influenciar ou controlar forças misteriosas da vida, assenhorando-se de sua vida e protegendo-se contra os perigos. Mas a religião judaica opõe-se, em princípio, a ela, porque a fonte de tudo seria a vontade livre e soberana de Deus, a qual não pode ser coagida. Ora-se e pede-se. Deus atende ou não. Mas, na prática, é difícil estabelecer os limites existentes entre religião e magia. A lenda diz que os rabinos praticavam a magia branca.

A magia dos nomes divinos, o tetagrama, os nomes dos anjos, floresceram sempre, sobretudo a partir da influência da Cabala e os mágicos judeus foram bastante conhecidos em muitos países na idade média. Mas os rabinos tratavam de tornar inócua a crença na magia, ensinando que o estudo, a oração e a realização de boas ações produziriam imunidade contra influências malignas ou maléficas.

No ocidente, a magia é marcada pelas prestidigitações e as partes obscuras da ciência: ótica, acústica, hidrostática. Foi considerada diabólica na idade média, na Renascença e até o século XIX, mas no oriente a magia espalhou-se entre os povos desde tempos primevos. No Egito, ela aparece nos textos mais antigos e nas paredes das câmaras funerárias, mas só os sacerdotes teriam o poder de estudá-la e praticá-la. Na Caldéia, na Assíria e nos países eufráticos ela era tão antiga quanto no Egito.

Após a introdução do budismo no Japão, as magias eram combinadas e elaboradas pelo ocultismo budista. Na China, a magia é particularmente associada ao taoísmo, mas o budismo e o confucionismo admitiam a teoria da magia e algumas de suas práticas.

Mas o que se quer destacar é que enquanto magia se refere a um ato de vontade, a religião é prece, oração, atitude mais marcadamente espiritual. Ela não corresponde a uma procura das forças poderosas da Divindade (externa), ela pretende ser contato direto, supostamente real e hipoteticamente eficiente por parte daquele que a pratica, com poderes invisíveis e superiores, logo, misteriosos.

A magia pode ser classificada como branca, negra, icônica, indicial, simbólica, natural, mas o que se quer enfatizar é que, independentemente de como as classifiquemos, vem se dando uma reabilitação cultural assim como afirma o professor de semiótica e lingüística da Universidade de Kassel:

> *Na era pós-moderna encontramos uma reabilitação cultural da magia. Magia pura não só se torna novamente respeitada em ambientes subculturais, tal como no movimento New Age, mas, sobretudo, a crítica positivista da magia tem sido abandonada por uma nova avaliação que reconhece o potencial psicoterapêutico do signo mágico.*[3]

Até onde se pôde investigar, não há referências, nos grupos, à arte de invocar demônios, ou seja, magia negra. Mas há grandes evidências dos poderes da magia natural: fornece a contemplação das coisas que "coagulam", sem serem apreendidas, assim como a qualidade, a propriedade e o conhecimento de toda a natureza, cume de toda a

[3] NOTH, Winfried, *Semiótica da Magia*, IN **Tempo Social - Dossiê Magia. Revista de Sociologia da USP**, Departamento de Sociologia, Faculdade de Filosofia, Letras e Ciências Humanas da Universidade de São Paulo – no. 31, São Paulo: USP, FFLCH, 1996. p. 40.

filosofia, e da magia branca (meditação, acesso ao vazio, integrar-se ao todo, romper com as separações).

Satya Mila afirma: *Capto energias cósmicas e coloco em cima das pessoas*. E conta como, por exemplo, a partir de um trabalho de meditação, contatando o espírito das cobras, que são fartas na região onde se localiza o Instituto Solarion, em Alto Paraíso, elas *ficaram quietinhas e se afastaram*. Entre os grupos investigados há um que se autodenomina, inclusive, grupo de alquimistas (Associação Cúpulas de S. Germain), que conta:

> A gente está trabalhando com isto: transmutação de energias densas e pesadas ... transmutando energia magnética e telúrica em energia eletrônica. É que a nossa lenda é a cornucópia, sabe aquela cornucópia que sai tudo de dentro? Aquela cornucópia mágica do Olimpo, que saía tudo de dentro, tudo o que você pedir, sai? Aqui é a cornucópia.

É bastante comum a referência e a presença de cristais nas casas e sobre os corpos, adornando-os, protegendo-os. O cristal, em sua transparência, é o símbolo da pureza e da limpidez. Faz a união dos contrários, pois permite ver algo através dele, representando portanto o plano intermediário entre o visível e o invisível.

Segundo o antropólogo Mircea Eliade, o cristal sempre foi símbolo da luz celeste e divina. Os indígenas americanos o consideravam como substância sagrada, dotada de poderes divinos. Entre os australianos, simboliza o fluido ou o reflexo do outro mundo, o acesso a uma substância espiritual. Para os celtas, era o símbolo da imaterialidade, da grande viagem para o além. No Xamanismo é um instrumento de clarividência. A mística cristã compara Maria a um cristal que reflete no mundo a luz celeste.

A magia simpática, ou a arte de encantamento por meio de certas práticas ocultas, que se baseia no princípio de que a imitação de um resultado desejado produz este resultado pode ser facilmente identificada. Pode-se dar como exemplo a prática de se repetir frases positivadas ou mântricas, como Eu sou, Eu tenho saúde, Eu perdôo, Eu olho, Vivo o mundo, as pessoas e as circunstâncias sem julgamentos.

O processo de autoconhecimento e de encontro com o Eu superior ou Eu maior e de limpeza do carma é tão poderoso que as dificuldades do cotidiano, as doenças, os carmas físicos vão desaparecendo. Instala-se a possibilidade da autocura a partir da consciência e se desenvolve, no geral, uma certa luta contra a medicina ocidental,

> ...porque essa acaba com qualquer processo, qualquer tentativa de conscientização ... A medicina oriental é preventiva, ela traz todo um porquê dos parâmetros ... As pessoas vão buscando esse autoconhecimento, vão despertando para essa outra realidade. E vão se curando de tudo! O processo é a autocura. Porque a cura vai se processando medida que ela vai despertando modificações importantes, estados de consciência. É o caminho do meio ... Tudo, tudo, tudo é possível! Tudo o que a pessoa gera dentro de si de mal, ela pode transmutar isso e tudo é possível curar (Arcádia Irmandade da Luz Solar).

Mas a cura física seria secundária em relação à cura espiritual.

> O trabalho deles (Mestres), de nenhum deles, principalmente Jesus, nunca foi curar fisicamente. O próprio Jesus quando fazia cura, era uma maneira dele provar quem ele era. E de criar respeitabilidade, para as pessoas escutarem o que ele tinha para dizer. Então, o importante dele não era a cura física, era a palavra que ele tinha para dizer, para colocar. Porque ele já sabia que a principal cura é a da mente da pessoa e do coração dela em relação aos sentimentos ... ficar curando é paliativo, não serve para nada, se você se cura fisicamente e não cura a causa da coisa ... (Arcádia Irmandade da Luz Solar).

E um dos objetivos da Ordem Rosa Cruz-AMORC é ter laboratórios de pesquisa, a ciência voltada para o lado espiritual.

Assim, as falas das lideranças parecem concordar com o Professor de Semiótica e Lingüística da Universidade de Kassel, já citado, Noth, quando afirma que o encantamento dos mágicos pode ser tão eficiente quanto aos esforços de um psicoterapeuta moderno.

Ecumenismo e Fraternidade Universal - transcendência da religiosidade tradicional.

Deus é ecumênico. É o ser mais ecumênico do universo.
(Legião da Boa Vontade)

O Budismo é uma religião, mas além de ser religião, é antes de tudo um estilo de vida
(Budismo Terra Pura)

A busca do ecumênico é antiga. Quando o budismo chegou à China, ao Japão e à Coréia, a noção de carma, renascimento ou reencarnação chegou articulada ao ideal de *mahayana* - confraternização universal. Ou seja, ações meritórias podem ser oferecidas para se auxiliar almas localizadas em lugares inferiores da evolução, a progredirem até chegarem à budização.

As palavras ecumênico e ecumenismo referem-se diretamente ao universal, ao universalista. Há três formas de ecumenismo: teológico, espiritual e institucional. Dinamicamente, trata-se de um instrumento de diálogo entre indivíduos e entre grupos, isto é, caminho de unidade. Fraternidade significa, em princípio, união ou convivência entre irmãos.

Mas o ecumenismo, assim como outros conceitos, tais como compaixão, paz interior, divino, parecem estar sendo ressignificados, lidos com novos sentidos ou recolocados com maior ênfase dentro do grupo principal de valores que passam a orientar a vida.

> O que vai aproximar as religiões é a busca do conhecimento de si próprio. Conhece-te a ti mesmo. Quando você sente a necessidade de se conhecer, você faz essa busca interior, você às vezes não encontra tudo em você, começa a procurar e começa a ver que tem que juntar coisas. A doutrina espírita não tem muita coisa sobre meditação, sobre concentração, então a gente busca na filosofia oriental essa parte que já está mais desenvolvida e nós acreditamos que eles buscam mais a parte religiosa e científica da doutrina espírita (Cidade da Fraternidade).

> Os seres que orientam a Grande Fraternidade Branca são os mesmos. Se você vem da Umbanda, o mestre vai se apresentar para você como um preto velho; se você é católico, o mestre vai se apresentar para você como um santo da igreja católica, se você é ufologista, ele vai se apresentar como um comandante de uma nave, mas o ser é o mesmo, falando para todos. O comandante Ashtar Sheran, São Miguel Arcanjo, da igreja católica e Miguel Arcanjo do Fogo Sagrado, são um mesmo ser. Ele recebe diversos nomes porque é a forma como aquelas pessoas foram educadas religiosamente para entender (Cavaleiros de Maitreya).

Simultaneamente ao conceito de ecumenismo, surge, nos discursos, a idéia do holismo - o ser como um todo, numa perspectiva integral. Assim, mesmo na Ordem Espiritualista Cristã Vale do Amanhecer, local onde muitos chegam buscando cura física, cura do alcoolismo e de outros vícios, afirma-se que as pessoas chegam buscando fundamentalmente "equilíbrio". E a Fé Bahá'í, que considera o mundo material e o espiritual como um só, crê que a religião de Deus é interna, objetiva a unidade de Deus, das religiões da Humanidade:

> Um cristão pode ser um Bahá'i', um budista pode ser um islâmico e assim, sucessivamente ... A gente acredita que a verdade não precisa ser defendida, é verdade por si mesma. E quando ela é verdade, é verdade em qualquer canto. É uma questão filosófica que aquilo que é verdade, é verdade na ciência, na religião, na filosofia, na lógica, em qualquer ramo do conhecimento humano ... O Bahá'i', na verdade, é um cristão, ele acredita em Maomé, acredita em Krishna, acredita em Buda. Então ele é um adepto de todas as religiões, porque ele reconhece naquele profeta um mensageiro de Deus ... Ninguém vai querer catequizar. A idéia básica é essa. Cada um vai procurar a verdade por si.

E um Rosacruz poderia freqüentar qualquer religião. Os adeptos seriam, até mesmo, estimulados a apoiar outras religiões, ainda que não sejam estimulados a ter uma religião.

> ... é uma organização espiritualista, devotada ao estudo do ser como um todo, parte espiritual, física, psíquica. Então ... ela não é religião, apesar de que ela faz todo um trabalho espiritual da mesma forma que a religião, ela procura também religar ... o ser com a divindade, mas a religião tem dogmas ... tem suas partes dogmáticas. Então ... uma linha até bastante rígida. Toda religião tem uma forma de seguir. Então ela (Ordem) não é assim ... cada um tem a sua maneira de ver, procura que o indivíduo descubra aquilo que seja um ser realmente eficiente ... ele precisa ser livre. Ele não segue uma coisa, ninguém na Ordem é dono da verdade. Então, os próprios ensinamentos Rosacruz propõem, não impõem nada ...

Por sua vez, o trabalho desenvolvido pela Arcádia Irmandade da Luz Solar,

> ... é no sentido de preparação para uma Nova Era, para o Terceiro Milênio, como espiritualistas. Nossa linha de trabalho é universalista. É um trabalho ecumênico, é de to-

> das as linhas. Vamos dizer assim, é aberto. Não tem um dogma específico, uma linha específica. É um trabalho universalista.

Todos os grupos se auto-identificam como ecumênicos. A Fraternidade Eclética Espiritualista Universal – Cidade Eclética, por exemplo, afirma ser espiritualista e universalista. Sua doutrina seria eclética:

> É a unificação universal de todas as religiões, o fim da divisão religiosa. Aqui, esse é o propósito. Isso, externamente. Internamente, uma escola de reforma do homem, o homem tem que se modificar, tem que se transformar internamente, essa é a proposta, e o propósito é o homem se aperfeiçoar por meio dessa reforma.

Dizem respeitar todas as demais doutrinas e acatá-las como válidas e verdadeiras, sendo todas partícipes da Fraternidade Universal. De fato, identifica-se um grande trânsito de valores e de significados, bem como dos mestres que são referenciados entre os diversos grupos.

> A gente explodiu com o dogma ... eu adoro Bach, mas posso adorar Jesus, posso adorar qualquer um. Não faz diferença ... O importante é ser sol, não faz diferença o nome, não faz diferença a forma, não faz diferença de onde vem a origem, não faz diferença ... (Associação Cúpulas de S. Germain).

Em Alto Paraíso pode-se dizer que há um certo consenso em torno de que nessa região se localizaria o *chakra* cardíaco do planeta. Mas, mais de um grupo afirma ter recebido essa mensagem.

Todos respeitam, ainda que em maior ou menor grau, Jesus, Buda, S. Germain, Maitreya. Consideram-se, em sua maioria, universalistas, desenvolvendo um trabalho de várias linhas, aberto, não se prendendo a um dogma específico. Parece haver uma busca da unidade de Deus, das religiões e da Humanidade. Isso parece ser uma constante tanto para os grupos que têm uma origem ou formação recente, que não se orientam por doutrinas milenaristas (cristã, budista), quanto para os grupos que aí tem suas raízes.

Nesse contexto, os templos e os rituais não seriam fundamentais. Para a Fé Bahá'i', por exemplo, todos os seus templos são edifícios com nove lados, nove entradas, cada uma delas simbolizando a união de todas as religiões.

No processo de construção de uma outra religiosidade buscada pelos diferentes grupos, ainda que a partir de religiões antigas ou tradicionais, como os budismos, identifica-se, simultaneamente, uma postura de crítica, de negação e de superação das religiões tidas como tradicionais ou ortodoxas. Isto é, referem-se sobretudo às religiões cristãs do ocidente e em particular ao catolicismo, enfatizando-se nelas, criticamente, a moral (sexualidade, culpa, repressão), o dogma, a ética (acúmulo de riquezas, de poder) e a hierarquia.

> Porque é um grupo sem ser grupo ... O que difere a gente em termos de movimento ... é que a gente não tem dogma, a gente não tem uma estrutura a ser seguida. Então, a diversidade de indivíduos, as diversidades de agrupamentos, acontece o tempo todo (Osho).

> Aqui não tem blá, blá, blá ... aqui não tem papo furado. Aqui não tem "Oh! Doutrinas" ... Aqui a reza é trabalhando. Tem doutrina? Claro que tem, mas o principal é que a comunidade fica trabalhando em prol de um crescimento, de um resgate (Fraternidade Eclética Espiritualista Universal – Cidade Eclética).

Dentro dessa perspectiva, a devoção seria um complemento, pois a ênfase deve estar posta na ação, na prática: implantar e vivenciar conhecimentos de uma moral superior, uma ética superior no cotidiano. Segundo o Budismo Terra Pura e o Zen Budismo:

> ... se você está se apegando aos rituais, está longe do que o Senhor Buda nos ensinou. Se você dá aos rituais a importância que afunda o darma, você está longe do darma. O ritual ajuda, mas não é o objetivo (Budismo Terra Pura).

> ... nós costumamos dizer que não há imagens para reverenciar. Nem mesmo a do próprio Buda. O Zen te aconselha a fazer o seguinte: se você encontrar o Buda, mate-o. Exatamente para você não incorrer no erro de reverenciar ou idolatrar pessoas, porque, na verdade, você que é o Buda. O Buda não está fora de você, ele não é outra pessoa, o Buda é você. Todos nós somos Buda. Todos nós somos iluminados ... A questão dos preceitos não é enfatizada nos mosteiros por onde eu passei. Não há exortação do Zen. Não há doutrinação, não há pregação nesse sentido moralista que conhecemos. O que há fundamentalmente, é a prática do Zazen (meditação) e a vivência do dia a dia. A gente é levado, induzido a fazer coisas com plena atenção, com profundo respeito por tudo aquilo que a gente vê, toca, não há nenhuma ênfase nos preceitos. Não há normas. Essa maneira de ser, ela surge naturalmente com a prática do Zazen e com a vivência dentro de uma perspectiva Zen. Se você empenha corpo e mente no caminho Zen, naturalmente essas coisas vão se ajustando (Zen Budismo).

Ou seja, mesmo para os freqüentadores de religiões tradicionais, a postura é a de que as doutrinas não são fundamentais. Os budismos tendem a se denominar como Escolas. O que é fundamental é que cada pessoa pratique, pois a doutrina estaria dentro de cada um, que se doutrina. Dai que podemos falar de uma religiosidade entendida como *arranjo pessoal* e *estilo de vida*, o que será tratado mais adiante.

As novas dimensões do mundo e a re-localização da relação do indivíduo com o exterior- interior .

Tem emergido uma nova perspectiva na relação interior-exterior, articulada a uma nova concepção da cosmogonia. Ou seja, a partir da centralidade da condição individual divinizada, alargam-se as próprias dimensões, até então desconhecidas do mundo.

A centralidade dos elementos que informam o que poderíamos chamar de uma nova visão do mundo, tende a se deslocar da dimensão externa para a dimensão da interioridade do indivíduo.

> Fazer um trabalho corpo a corpo para criar uma consciência maior, resultado no dia-a-dia dessas pessoas, que dão um salto quântico com o trabalho (de solarização) e produz uma ecologia interior, que tem o efeito externo, uma ecologia externa ... as mudanças têm que vir principalmente em nível pessoal, senão elas não têm uma durabilidade, uma coisa autêntica (Instituto Solarion).

Começam a ter visibilidade alguns planos ou dimensões que ressignificam a condição humana, entendida em termos de infinitas possibilidades de vida no universo; novas formas de energia associadas a novas formas de materialidade. Portanto, novas constelações de galáxias, sistemas planetários e universos (no plural) e novos tipos de seres que levam a ressignificar as noções norteadoras do nosso plano histórico e civilizatório, tais como condição humana, temporalidade, espacialidade, o que certamente recoloca as noções de indivíduo, de individualidade e de divino.

No plano social/coletivo, a idéia de carma desobriga, no geral, a pessoa a manter vínculos baseados na caridade, na piedade, na pena, com o outro, na medida em que os dramas, os sofrimentos, as desgraças, sejam individuais, sejam coletivas, são explicadas e logo justificadas, pelo carma individual, familiar, de um povo ou de uma nação. Afinal, todos os carmas serão cumpridos, seja via sofrimento, seja via autoconhecimento e evolução espiritual. Aquelas práticas, tão valorizadas pelo cristianismo, perdem sua potencialidade diante de outras, sobretudo as práticas de autoconhecimento, crescimento espiritual ou de tomada de consciência.

> Existem planos detalhados para trazer a consciência do homem à tona. E muitas vezes pode ser necessário provocar grandes acidentes em determinado lugar. Eles não são provocados deliberadamente, mas simplesmente pega todo aquele conjunto cármico de certas pessoas, reúne tudo aquilo e faz acontecer um determinado efeito, que para o homem pode ser chamado de dor, sofrimento, coisa terrível. Mas, na verdade, é um acontecimento evolutivo, aquilo. Porque sem aquilo, não acontece, ele não cresce ... (Arcádia Irmandade da Luz Solar).

> Nada é por acaso. Tudo está no plano divino que a gente escolheu. Está tudo aí para quem quiser ver. Você pega hoje a política mundial ... a economia mundial mudou. Por que o Brasil não sai dessa situação econômica? Porque carmicamente nós temos umas energias para serem resgatadas como país. O que nós fizemos no tempo da escravatura no Brasil? O que fizemos com os índios que estavam aqui? O que foi feito na época do golpe militar? Então são todas energias que nós estamos resgatando. Como a gente não tem terremoto, furacão ... paga por outro lado, que é a economia, a pobreza, a miséria. Só que isso aí já acabou, essa época de ver desse lado acabou, hoje nós estamos na época da liberdade, vamos transmutar essas energias todas ... fazer com que materialmente todos possam ter sua casa, a sua alimentação, viver dignamente (Cavaleiros de Maitreya).

Em alguns casos a caridade e outras práticas são entendidas como queda, filantropia. Se a pessoa estiver apegada à materialidade,

> ... ela vai degradando. Então ela cai como filantropo, como uma pessoa caritativa, religioso no aspecto material e funda creches ... Então, a maioria das pessoas que se dedica às atividades caritativas e filantrópicas, são pessoas com tendências meio impessoais na realização de Deus ... com um certo sentimentalismo. Elas se comovem com o bem-estar da sociedade, mas sem uma compreensão madura, global, universal ... E então ficam fazendo creches e hospitais e coisas assim ... E vão caindo ... Como a alma carece de felicidade eterna, aí vai se degradando e busca outras coisas até cair no prazer degradado do sexo e drogas e coisas assim ... Nós que somos atados, tentar desatar o outro que é atado? Só Deus ou um Mestre espiritual que é desatado, liberado, que pode nos libertar. Primeiro você tem que se desatar (Hare Krishna).

Desta nova postura, derivam vários outros significados e conteúdos:

- *Uma nova representação de humanidade*. Não se trata de negar a responsabilidade individual diante da evolução da humanidade, mas esta desloca seu eixo, centralizando a própria pessoa ou o ser humano em geral.

Mais importante do que formular um novo projeto para a sociedade, ou ajudar crianças abandonadas, seria centrar-se no crescimento individual (meditação, limpeza, desapego, iluminação). Não se pode pensar em revolucionar o mundo sem antes se revolucionar a si mesmo.

> Auto-aperfeiçoamento ... Então o benefício que se vai trazer na Humanidade, lógico ... se você está melhorando, automaticamente você melhora o teu grupo, a tua família, o teu grupo social, do teu trabalho. Então tudo isso está se beneficiando. Mas não pretende formar nenhum salvador. Nenhuma coisa desse tipo, inclusive todo mundo é seu próprio salvador. Esse é o princípio da Ordem ... O social a partir do desenvolvi-

mento individual ... Mas não tem uma proposta social, não tem uma proposta política, não tem nada disso (Ordem Rosa Cruz-AMORC).

Mas como qualquer conduta não amorosa, não centrada, não harmoniosa, interfere no trabalho de desenvolvimento espiritual, de evolução ou de tomada de consciência, os valores e significados acabam orientando, no geral, comportamentos e práticas assentados em maior paciência, maior tolerância. As pessoas, em seus processos de crescimento, ao estarem mais em paz, respeitando mais a natureza, tornar-se-iam menos agressivas. Identifica-se, portanto, uma ação pedagógica dos grupos místico-esotéricos sobre suas lideranças e sobre seus adeptos ou freqüentadores.

Assim, os grupos não podem ser classificados como revolucionários, anti-sistema ou transgressores, no sentido propriamente político tradicional. Não pretendem destruir as estruturas sociais, nem criarem problemas ou irem "contra o Estado". O Daime, por exemplo, se autoclassifica como quietista. E a liderança do Hare Krishna afirma:

"Independentemente do carma passado, eles (os adeptos) são preparados realmente para se integrar na sociedade".

Além do que, há a possibilidade de se libertar dessa era de degradação:

> ... quando a gente deixa de lado o nosso pequeno erro, o nosso eu que tenta acertar e não consegue e coloca esse nosso erro imperfeito na mão do grande Eu, do outro poder, do Eu do Buda, aí sim a gente alcança o Nirvana e a gente supera as marcas dessa era de degeneração (Budismo Terra Pura).

• *Uma nova representação do divino e do mundo*, no sentido de não predominar mais a referência centrada em um Deus uno, exterior e todo poderoso (ainda que a idéia de Deus esteja presente em todas). Identifica-se uma pulverização ou fragmentação do divino no mundo concreto e cotidiano (pessoas, animais, plantas). Não deixa de ser uma volta ao panteísmo.

Ao mesmo tempo, na medida em que este mundo é caracterizado por seu aspecto ilusório e impermanente, dá-se uma supervalorização do espiritual, do imaterial, do transcendente, em relação à dimensão concreta, material. A postura crítica diante das pessoas fica amenizada. Não julgar:

> E a gente não pode sentar o pau em ninguém, mesmo esse pessoal aí que junta dinheiro, deixa! Estão fazendo o papel deles lá, o carma é deles. Ele está juntando aquela gama vibratória ... (Fraternidade Eclética Espiritualista Universal-Cidade Eclética).

A maldade não existe. Nós criamos a maldade (Ordem Espiritualista. Cristã Vale do Amanhecer).

• *Uma nova representação do indivíduo.* Essas novas visões de humanidade e de mundo trazem consigo um outro lugar para o indivíduo, valorizado sobretudo pelo que ele é internamente, e não por seu papel, *status*, função na sociedade.

> E dentro da comunidade Bahá'i´, realmente a valorização da pessoa como ela é e não o que ela representa na sociedade, mas aquilo que ela realmente é, aquilo que ela realmente traz, a sua riqueza, a sua beleza interna (Fé Bahá'i´).

> Se você não se filiar a um processo de auto-realização, você não tem outro caminho que não seja a degradação social (Hare Krishna).

Queda da humanidade. Passagem para o Terceiro Milênio. O reencontro com o paraíso perdido.

Ainda que essa noção não esteja presente em todos os grupos, a idéia de que a era atual em que vive a humanidade seria uma "... *era de caída, de degeneração, de decadência do darma*" (Budismo Terra Pura), pode ser encontrada em muitos grupos.

Segundo A Fraternidade Eclética Espiritualista Universal – Cidade Eclética, de 70.0% a 80.0% da humanidade vão "sucumbir", vão ser exiladas num planeta que está vindo em direção à Terra, mas "há chance para todo mundo".

Assim, estaríamos, segundo muitos grupos, vivendo um período de passagem para o novo milênio entendido como Nova Era. Estaria se fechando um ciclo (Era), caracterizado por sofrimentos, por privações, por desvios e por retrocessos em relação a um tempo anterior já vivido pela humanidade Atlântida, por exemplo.

> Todos esses símbolos, na época de Atlântida estavam presentes em nossa vida, porque não existia o Verbo. O Verbo é o pós-queda, a necessidade de falar, de pedir. Antes, todos eram Deuses. Com certeza teve várias civilizações que atingiram um nível espiritual muito elevado, como foi o caso da Lenúria de Hiperbório, de Atlântida, da civilização do Onoá e outras mais, mas houve queda da Humanidade. Dizem que nós estamos dentro da última decadência de sete mil anos, nós vamos fechar agora um ciclo dentro de um outro maior ... vai ser uma fechada grande agora ... (Fraternidade Espiritualista Eclética Universal – Cidade Eclética).

Os Cavaleiros de Maitreya, explicando os significados dos vários símbolos utilizados pelo grupo, afirmam:

Desde a época da raça atlante nós estamos encarnando no planeta e resgatando aquela energia. Nós não tínhamos carma nenhum, nós éramos uma perfeita harmonia, vínhamos cumprir nosso período e seguir em frente. A partir do mesmo que você criou uma desqualificação da energia divina, começou a entrar na roda das encarnações, na roda de Samsara ... Então, a implantação da luz de Cristo na Terra é a manifestação dos doze aspectos divinos para o nosso planeta. A manifestação do Sr. Maitreya, inicialmente no Brasil, marca esse auxílio que os mestres da Grande Fraternidade Branca vêm dar para a Humanidade, para que todos possam cumprir essa evolução e acompanhar a Terra em seu salto vibratório ... (Cavaleiros de Maitreya).

A maioria das escrituras refere-se a um período muito crítico da Humanidade. A gente se aproxima desse período. Então a gente já viu vários sinais, não só do progresso de um lado, mas de muita desagregação do outro lado! Então haverá ainda um embate meio violento de todo esse processo, antes de começar a surgir aquilo que a gente poderia chamar de civilização mundial (Fé Bahá 'i').

Até o ano dois mil, agora, nós temos que encerrar um processo. Não sei como, mas nós temos que encerrar ... Se nós vamos conseguir, ou se vai ... em função do que nós já fizemos ... mas o tempo já está curto (O. Espiritualista Cristã Vale do Amanhecer).

Esta Nova Era que está se aproximando, seria caracterizada por valores e significados outros que não são os atuais orientadores da sociedade. Há portanto a necessidade de nos prepararmos.

Virão balanços aí muito fortes, que quem tem uma firmeza espiritual ... já encontrou a sua centelha dentro de si, vai conseguir segurar com mais firmeza, vai conseguir atravessar essa crise, que está vindo por aí, que está aí, acho que todos os dias. O Daime, que é da floresta e chama para a floresta ... porque ele é o caminho e naturalmente vai nos deixar aonde não vai pegar fogo ... só a

> floresta pode agüentar o tombo que está preparado aí para o mundo, através de bombas, fogo, estiolação atômica, poluição, etc. (Santo Daime).

Mas a crise não é o ponto principal da passagem:

> Existe uma crise sim, só que é muito autogeradora. Se o próprio ser humano descobrir quem ele realmente é na origem, não haverá crise que subsista. Ela vai cair, vai desaparecer, ela vai voltar ao seu nada original, porque no fundo, no fundo, tudo é vazio, todas as coisas são vazias, são efêmeras de substância ... tudo passa (Zen Budismo).

Nessa passagem da terceira para quarta dimensão, nosso Eu superior, ou Eu Maior estaria se interligando ao homem (cérebro consciente - salto quântico de consciência).

Para vários grupos, há seres de outros mundos, até mesmo de outras galáxias, constituindo uma grande equipe, como nunca teria havido antes, para cuidar de nossa civilização, nessa atual passagem para um outro nível. Assim, a Arcádia Irmandade da Luz Solar explica:

> Arcádia quer dizer o dia da arca, o dia do resgate. É ligado à Arca de Noé, o arco da aliança, que é o resgate planetário. Arcádia quer dizer dia da arca ou arca de Deus, então é um trabalho de resgate planetário que envolve todo o planeta.

Não apenas há a necessidade das pessoas se prepararem individualmente (autoconhecimento, contato com o Eu superior), mas estaria posta a necessidade ou a missão de preparar o planeta e as pessoas que aqui habitam para a passagem que será próxima ou que já estaria acontecendo. E nesse esforço, alguns espaços são privilegiados. Seria o caso de Brasília e região, particularmente Alto Paraíso.

Então o Brasil foi escolhido pelos planos espirituais maiores, pelos planos vibracionais. (O. Espiritualista Cristã Vale do Amanhecer)

Brasília vai ser sim, a capital do Terceiro Milênio (Fraternidade Eclética Espiritualista Universal - Cidade Eclética)

Assim, os projetos sociais, as reformas, os movimentos políticos e econômicos se secundarizam e perdem sua potencialidade como propostas de mudanças diante da possibilidade de instauração de uma outra Era e de uma outra humanidade.

A maioria dos grupos místico-esotéricos está imbuída do sentimento de preparação para o novo tempo – Terceiro Milênio. Daí as demais dimensões e planos da sociedade não sejam priorizadas. De certa forma, o processo histórico faria parte de um plano divino e o futuro pertenceria às pessoas que estão conectadas com a construção de uma nova civilização:

> Vem para colonizar, para plasmar, para fazer, para conspirar o Terceiro Milênio. A tendência é esta. Tudo bem que acontece, uma sujeira ou outra, aquela coisa da política ... normal. É um processo, mas o que vai ficar é o supra-sumo, o que vai ficar é a conspiração, as pessoas que estão realmente conectadas e direcionadas para isso: nova civilização, novo modus vivende, uma nova vida ... E Brasília é plano divino mesmo, não tem jeito. Dom Bosco previu, todo o mundo previu. É onde vêm as pessoas que têm a ver (Associação Cúpulas de S. Germain).

Para os Cavaleiros de Maitreya:

> O Brasil vai ser o espelho da nova ordem ... a semente da nova ordem, tanto no mundo político ... no mundo cientí-

> fico. O mestre El Morya fala que o Brasil ficou virgem perigosamente, um país virgem. Então, isso criou uma condição de amor muito grande entre os seres ... esse povo é o povo preparado para receber Cristo ... foi escolhido para ser a Nova Era.

E o futuro se assemelharia à vida já existente em outros planetas, muito melhor do que na terra.

O Dr. Fritz, que incorporava no líder da Associação Holística Vale do Sol, seria vinculado aos seres do planeta Kremer. Esse teria sido idêntico à terra e os seres que lá habitam já teriam passado pelos mesmos problemas da terra e já os teriam superado, através do amor incondicional. Hoje, *...lá, ninguém tem mais do que ninguém e ninguém necessita de mais nada ... todos têm o que necessitam para a sobrevivência* (Associação Holística Vale do Sol).

E haveria muitos seres ascencionados ajudando os humanos no processo de passagem para o Terceiro Milênio:

> A Fraternidade Branca, que trabalha, acima do nível humano ... Hoje em dia eu sei que existem cerca de dois mil mestres ascencionados trabalhando aqui na terra. Fora todos os ajudantes que estão participando (Arcádia Irmandade da Luz Solar).

Assim, vários grupos místico-esotéricos do planalto central do Brasil re-atualizam a esperança humana do reencontro com um paraíso perdido, porque, o ser humano, segundo Mircea Eliade, muitas vezes reintegra, através de imagens e de símbolos, um estado paradisíaco, primevo, primordial, escapando de sua historicidade, reincorpora a experiência de um tempo primordial perdido, ou seja, deseja algo diferente do que vive em seu presente e inacessível: o paraíso perdido.

Brasília, a Terra Prometida.

Brasília já nasceu mística.
(Legião da Boa Vontade)

Alguns grupos são enfáticos em negar qualquer influência de natureza místico-esotérica sobre a cidade ou sobre o planalto central. É minoria. Outros não enfatizam o místico-esotérico, mas destacam o privilégio ou a especificidade das características físico-geográficas da região (placa de cristal no subsolo, céu ímpar, berço das águas).

> Um lugar calmo e claro ... nesse planalto ... Aqui no planalto tem-se uma visão de 360 graus e se percebe mais cedo o sol, a lua, as estrelas, do que nas montanhas ... aqui se tem a sensação de horizonte única. Está-se mais em contato com o sol, com a lua, as estrelas, do que em qualquer outro lugar ... É uma cidade predestinada. Por isso tem tantos grupos místicos (Santo Daime).

As características humanas e/ou raciais (encontro de todas as raças, regiões do país e de povos de diferentes países do mundo - as embaixadas, os organismos internacionais) também são indicadas. Para a Ordem Espiritualista Cristã Vale do Amanhecer:

> ... porque em Brasília transcendentalmente e até ... na atualidade, são pessoas de todas as representações mundiais. São pessoas de todas as representações estaduais, do próprio Brasil. Aqui tem todo tipo ... toda representação mundial existe aqui no Brasil, aqui em Brasília. Toda tendência de raça, cor, credo, religião, fé, você encontra em Brasília

Há ainda lideranças entrevistadas que embora neguem ou não afirmem, em princípio, a predestinação mística da cidade, no decorrer das falas explicitam possíveis dúvidas. Assim, por exemplo, o informante do Centro Budista Tibetano de Brasília, pergunta-se por que teria vingado apenas este centro, já que eram previstos, inicialmente, três no Brasil. E deste é que

> ... sairia a irradiação ... e tem mais. Por exemplo, Kagyu Pend Gyamtso, a palavra significa a idéia de um lago, um lago grande e salgado. Por isso que se chama lago doce também ... E nós temos um lago ... A tradução ... um oceano de bem-aventurança ... E eu acho que tem tudo a ver, é muita coincidência, tem muitas ... coincidências ...

Mas a noção mais comum entre as lideranças entrevistadas é a de que Brasília e a região do planalto central constituem-se em locais privilegiados no processo de passagem para o Terceiro Milênio. É significativo que dos 200 adeptos de grupos místico-esotéricos entrevistados, 76.0% do total consideram Brasília predestinada e 61.0% o Planalto Central predestinado. Na capital vem sendo concretizado o convívio, a integração e a sintetização de doutrinas, de crenças e de visões de mundo que nasceram na Índia, no Japão, no Tibet, no Egito, na Amazônia. Tece-se, juntamente com a pluralidade de origens regionais, internacionais, de etnias, a universalidade e a integração sonhadas.É quase uma constante a referência à profecia do jovem padre salesiano Dom Bosco, de que se tratava de uma Terra Prometida:

> *... na região de um grande planalto, vejo elevar-se uma terra de riquezas inestimáveis, as quais um dia serão descobertas. Vejo se elevar uma grande civilização sobre esse planalto, a bordo de um lago, entre os 15° e 20° paralelos. Lá surgirá uma futura Terra Prometida ... lá correrá leite e mel ... lá será de uma riqueza incomensurável.*

Importante lembrar que os Guias Telefônicos da cidade fizeram, durante anos, e até pouco tempo, referências à vocação mística da cidade, afirmando: *Há muito tempo profecias e visões envolvem a cidade.*

As falas das lideranças dos grupos místico-esotéricos ao fazerem referência à predestinação da capital referem-se à Terra Prometida, Cidade Profetizada, Civilização do Terceiro Milênio, Lugar de uma Nova Raça e uma Nova Civilização.

> .... Dom Bosco foi um grande missionário, ele previu naquela época já, os paralelos ... o mel ia jorrar ... é justamente isso que nós estamos vivendo aqui. Brasília é isto. O que ele previu (Ordem Espiritualista Cristã Vale do Amanhecer).

> Brasília já nasceu mística, partindo de uma cidade que já foi antevista e apontada ... cheia de energia, carregada de uma série de coisas ... uma providência divina, predestinada, porque quando Dom Bosco fez a previsão sobre Brasília, ele falou do paralelo 15º e 20º. Poderia ter sido 30º ou 40º. Falou do lago ... o lago é aqui (Legião da Boa Vontade).

Mesmo grupos com sede em Alto Paraíso, afirmam o privilégio e a importância da capital como ponto de irradiação. É o caso, por exemplo, de Satya Mila, do Instituto Solarion:

> ... pode ser feita uma ponte rapidamente e a partir de um modelo que se desenvolva nessa região, a gente pode influenciar mais eficientemente ... A orientação espiritual que veio, era que eu também tinha que, no início, fazer um trabalho em Brasília, porque aí o projeto tomaria um vôo mais alto e realmente, de fato, isso aconteceu (Instituto Solarion).

E Iara Kern, mística bastante reconhecida na cidade, reafirmava no início da década de 1980 que Brasília seria, com certeza, tal como o afirmara D. Bosco, a capital do Terceiro Milênio, o celeiro do mundo, de onde jorraria, no futuro, leite e mel e haveria paz e fartura. E no dia que escavassem ao redor da cidade, encontrar-se-ia desde o urânio ao petróleo, tudo estaria traçado de acordo com a numerologia, o *Tarot* egípcio e a cabala hebraica. O cemitério de Brasília é espiralado; fonte de transformação e de evolução. A espiral seria símbolo de evolução porque o homem estaria evoluindo, de uma para outra faixa da espiral. Por sua vez, as grandes obras da cidade, localizadas em posições geométricas em forma de uma estrela de David, simbolizariam o macrocosmos e os poderes (executivo, legislativo e judiciário – federais e estaduais) estariam dentro de uma triangulação.

Não apenas Brasília e o planalto central seriam predestinados, pois: "*Afinal, o Brasil é o coração do mundo, pátria evangélica*" (Fraternidade Eclética Espiritualista Universal - Cidade Eclética). Mais ainda, segundo A Associação Cúpulas de S. Germain: "*A América é o berço do Terceiro Milênio e o Brasil está nessa*".

Alto Paraíso, o chakra cardíaco do Planeta.

Alto Paraíso e região seriam o *chakra* cardíaco do planeta, ou seja, um lugar particularmente auspicioso para o processo de preparação para o Terceiro Milênio, bem como para as novas formas de convívio da humanidade que estão sendo gestadas. Seria privilegiada: "*Aqui tem todas as prioridades de cura ... aqui vai sair o remédio para o câncer ... e outras doenças*" (Associação Holística Vale do Sol). Afinal, "*a região do planalto central brasileiro é o chakra cardíaco do planeta, onde pulsa o coração da terra*" (Cavaleiros de Maitreya).

> Assim como nós temos os nossos chakras, o planeta também tem os seus chakras, os seus vórtices. Fora desses chakras, existem outros lugares também de mui-

> ta concentração de energia, porque os próprios mestres têm seus templos etéreos em determinados pontos do planeta (Cavaleiros de Maitreya).

O planalto central teria lençóis de cristal que

> ... vão servir futuramente para comunicações extra-planetárias e galácticas interdimensionais, que não deveriam nem ser exploradas, nem mexidos, porque se não, vai prejudicar um trabalho com a tecnologia futura (Instituto Solarion).

Uma das comprovações desse privilégio seria o fato já comprovado de que na capital e na região concentra-se um grande número de grupos e de pessoas envolvidas no processo de preparação para a Era de Aquários - individualmente ou em grupos.

Satya Mila, do Instituto Solarion, chegou a Alto Paraíso com o firme propósito de construir um jardim de frutas e de flores, criando um paraíso na terra. Assim, todo o vale onde funciona o Instituto se transformaria em uma Arca de Noé, que pudesse ser transportado integralmente, quando da retirada inevitável que está por vir, para naves mães que estão estacionadas acima de nós, como ilhas flutuantes:

> Parte do trabalho que eu faço, parte importante, é criar as lideranças para o Terceiro Milênio. Nós viemos por orientação espiritual, foi passado que nós tínhamos uma missão de abrir um chakra cardíaco planetário, abrir o selo cardíaco que era o momento de despertar desse local para as pessoas que viriam chegar até aqui. Que teriam uma missão de estar nesse local em preparação para o Terceiro Milênio. Então, foram orientações espirituais. Nós pedimos muitas confirmações da vinda para cá, e foram muitas confirmações que foram cada vez mais fortes, vindo, vindo, vindo, vindo, então nós viemos ... (para a região de Alto Paraíso) é

> como se fosse uma energia eletromagnética assim, que forma um cordão, um cinturão eletrônico (Arcádia Irmandade da Luz Solar).

Por que Alto Paraíso?

> Porque aqui nós temos os nossos chakras, os pontos energéticos do nosso corpo e a terra também tem esparramados por toda a sua área, pontos energéticos. Aqui na região do planalto central brasileiro é o chakra cardíaco do planeta, onde pulsa o coração da terra. Estamos no maior platô de cristais do planeta. Por isso, qualquer energia que você emanar a partir daqui, com a potencialização do cristal, essa energia vai se multiplicar infinitamente (Cavaleiros de Maitreya).

Essas certezas podem ser objeto de dúvidas. Afinal, se tratam de verdades reveladas com caráter divino, secreto, misterioso, enfim, verdades místicas ou esotéricas. Entretanto, uma experiência singular, que é social, cultural, histórica, além de ser propriamente religiosa vem ocorrendo em Alto Paraíso, que é um movimento de experimentalismo religioso, um verdadeiro laboratório vivo.

Chegaram em Alto Paraíso, principalmente a partir de 1990 inúmeros grupos místico-esotéricos. Cinco anos depois, vários deles já tinham se desagregado como grupo e novos se formam ou aí chegam. E o processo continua, sendo que no final do século XX, muitos residentes da cidade concordavam que a tendência seria cada vez mais no sentido da busca individual, com algumas práticas coletivas. E efetivamente, chama a atenção o fato da maioria de ex-adeptos ou de ex-freqüentadores continuar em seus processos de busca de crescimento espiritual, encontrando-se com outras pessoas em reuniões de estudo, pequenos rituais, meditações. Mas sem se autoidentificarem ou se nomearem como grupo, tentando vivenciar Alto Paraíso como um todo, como comunidade:

> ...os Mestres da Grande Fraternidade Branca...eles me disseram assim: agora você pode começar a falar, porque as pessoas estão com a consciência mais aberta para essas verdades. E aí eu comecei a falar. Não foi por insatisfação, não foi por nada...Não sou só eu. Nós somos centenas, milhares no planeta que fazem esse trabalho que eu faço...
> Eu só faço reuniões quando chegam pessoas. Eu não chamo ninguém para fazer reunião. As pessoas vêm, chegam. Todos os dias eu tenho gente aqui em casa, que vêm do Brasil inteiro e até do exterior... Não pertencendo a nenhuma religião e ao mesmo tempo abraçando a todos como se fossem irmãos, sem distinção...
> Os grupos vão se desmanchando, mas é preciso que se desmanche. Esse processo é atual e é muito forte.... Muitos já pertenceram a tantos grupos, até mesmo às religiões e não acharam respostas dentro de seus grupos e dentro das suas lideranças, então começaram a ter um processo sozinho, de autocentrar-se...(Uma buscadora individual, moradora há muitos anos em Alto Paraíso).

Constrói-se um laboratório vivo, no qual, em poucos anos pôde-se vivenciar uma das propostas centrais colocadas nos discursos de diferentes grupos:

> o divino está em você mesmo, há que desenvolvê-lo; não há mais necessidade de templos; de instituições, você é Deus; tudo o que precisava ser escrito, já foi escrito.

As rápidas mudanças postas por este laboratório vivo têm permitido que um fenômeno já em curso pudesse ser notado. Já havia na cidade e região, inúmeras pessoas não articuladas a nenhum grupo, ou seja, buscadores individuais. Mas os grupos, com seus comportamentos e arquiteturas exóticos (cúpulas, casa e templo em forma de gotas, hospital interplanetário, pequenos templos de cor violeta, mandalas de cristal), não permitiam que aqueles buscadores individuais se visibilizassem. E grupos deixam de existir e novos surgem. Assim, muitos dos grupos que aqui são citados, entrevistados em 1994 e 1995 já não mais existem.

Também em Brasília, talvez mais, ou pelo menos tão importante quanto à proliferação, a divisão e a reconstrução contínua dos grupos, seja o movimento de pessoas que sem se fixarem, ou se fixando temporariamente, circulam pelos grupos, ao mesmo tempo em que transitam por práticas alternativas ou não-convencionais, tais como a medicina e as terapias, a astrologia, o *Tarot*. Vão assim se apropriando, seletivamente, de conhecimentos, de significados, de valores e de práticas num processo autoconstrutivo do "conhecendo-se a si mesmo", quase por conta própria.

Certamente a expansão recente dos grupos místico-esotéricos tem explicações centradas nas dimensões socioculturais, ou seja, no coletivo. Porém, o que se destaca é a dimensão individualizada da busca por verdades e por práticas por parte dos freqüentadores ou adeptos dos grupos. Essa busca caracteriza-se, sobretudo, por uma aventura do indivíduo, que é movido por uma situação existencial em que predominam:

a) inquietações pessoais, angústias, insatisfações; caracterizando crises de identidades;

b) ressentimentos centrados numa mágoa que pode estar vinculada ao sentimento de culpa, de desvalorização, de inutilidade;

c) desilusão/desencantamento, que se originam nas diversas formas de descrença diante dos valores sociais, das instituições, das religiões, dos projetos políticos, caracterizando uma falta de sentido da vida.

Tais elementos parecem impulsionar as pessoas a buscas individuais caracterizadas pelo experimentalismo. "Experimenta-se de tudo." Vivencia-se, nesta dimensão, uma condição mais libertária do ser humano, o que permite entrar e sair dos grupos com relativa facilidade, ainda que em certos momentos decida-se fixar em algum deles.

Por um lado, esse procedimento experimentalista é de fato libertário: o indivíduo cria seus próprios caminhos. Por outro, trata-se de um lugar bastante solitário. Apesar da busca ter sido motivada por inquietações, ressentimentos, a necessidade de reconhecimento no coletivo e de estruturação de identidades sociais leva o indivíduo a se fixar num grupo, mas apenas temporariamente.

Os grupos místico-esotéricos, que não podem ser considerados nem propriamente religião, nem seitas, estariam gestando, eles mesmos, buscadores individuais e solitários? Seria este um dos resultados mais evidentes para a Nova Era, da fragmentação e do individualismo construídos nos últimos séculos pela modernidade e pelo predomínio da racionalidade, tão criticada pelos líderes e pelos adeptos das novas religiosidades?

Parte 3

A labiríntica busca religiosa na atualidade e a labiríntica busca teórico-metodológica da Sociologia das Novas Religiosidades

Psicologização das religiões: religiosidade e estilo de vida.

A expansão das novas religiosidades, ao menos as que aqui estão referidas como grupos místico-religiosos, delineia um quadro que se move em torno do auto-aperfeiçoamento, auto-realização e auto-deificação, em constante experimentação, que incorpora caminhos próprios e individuais tanto para a dimensão espiritual quanto para a psíquica, a corporal, a intuitiva, tratando de se caracterizar como uma busca holística. Imbricamento de terapêutica e de espiritualidade, em que a verdade última é construída e orquestrada pelo próprio sujeito, "experimentador" por excelência. Assiste-se a uma pluralização da fé, ou a uma "liberalização religiosa". Podemos falar em relativismo ou em poliformismo religioso.

Espiritualidade ou caminho espiritual entendido como ênfase na busca de *autoconhecimento* e de *auto-aperfeiçoamento*, que se refere não apenas à reestruturação do campo propriamente religioso, mas se remete a campos como a psicologia e a medicina, num movimento em que novos significados, estilos de vida, autoridades, competências, encontram-se em processo de legitimação. Há autores que fazem referência a um *bricolage ético moderno.*

A privatização da fé vem ocorrendo simultaneamente a psicologização das religiões, como bem já o indicara Berger em 1969, em seu livro, O Dossel Sagrado.[1] Segundo este sociólogo, os conteúdos religiosos tendiam a se tornar benefícios psicológicos, entendidos como paz de espírito e sensações parecidas. Assim, a religião poderia ser comercializada mais facilmente se se pudesse mostrar que ela seria mais relevante para a vida privada,

---

[1] BERGER, P., **O dossel sagrado. Elementos para uma teoria sociológica da religião**. São Paulo: Paulinas, 1985.

em lugar de se enfatizar suas aplicações específicas ou suas conecções com as grandes instituições públicas. Isso seria particularmente importante para a compreensão das funções morais e terapêuticas da religião. As instituições religiosas tenderiam a se acomodar às necessidades morais e terapêuticas das pessoas, sobretudo em sua vida privada. Esse importante sociólogo adianta como as grandes instituições religiosas voltadas para as camadas médias altas norte-americanas seriam pressionadas a secularizar e a psicologizar seus produtos, assim como a situação pluralista teria engendrado a era do ecumenismo. Indica como os conteúdos religiosos estariam se desobjetivando, ou seja, estariam se desprovendo de seu *status* como realidade objetiva, tornando-se subjetivizados. Ou seja, por um lado, "sua realidade" torna-se um assunto privado dos indivíduos, isto é, perde a qualidade de plausibilidade evidente por si mesma. Por outro lado, na medida em que ela ainda é mantida pelo indivíduo, ela é apreendida como sendo enraizada na consciência deste e não no mundo exterior. A religião não se referiria mais como uma transposição do cosmos ou da história à consciência individual. O indivíduo, digamos, poderia descobrir a religião na sua própria consciência subjetiva, em algum lugar de si mesmo. O processo se caracterizaria por uma transformação da cosmologia em psicologia. A história tenderia a se tornar biografia.

Seguindo as pistas dadas por esse sociólogo, podemos afirmar que o psicologismo, em qualquer de suas tendências (freudiana, yungiana) permitiria a leitura da religião como um sistema de símbolos, práticas, visões de mundo referido, na verdade, a fenômenos psicológicos. Essa ligação particular teria a vantagem de legitimar as atividades religiosas como psicoterapia. Assim, seguiremos a reflexão do processo de psicologização da religião, anunciado por Peter Berger já no final da década de 1960, com dados também coletados em Brasília e região.

O básico da *nova consciência religiosa* que vem sendo buscada pelos grupos místico-esotéricos pesquisados é composto por elementos cristãos e de outras tradições religiosas; cósmicos (energia universal, forças cósmicas ou unidade do cosmos); elementos de um eu sublimado (eu superior, eu maior) e valores reificados, como amor, liberdade e paz. Há que se livrar do ego (zerando-o, acalmando-o), porque haveria a possibilidade de ir além do "mental racional", assim como haveria a possibilidade de se transcender à ciência atual, ancorada na mente, na dualidade e na racionalidade cartesiana. O mundo material e o mundo social seriam constituídos, sobretudo, por aparências. A partir do auto-desenvolvimento poder-se-ia ter a consciência desses mundos como ilusão, o que implicaria superação da dimensão do ego.

O divino está no indivíduo e este tem livre-arbítrio. A partir de técnicas, de exercícios, de mantras, de meditações, poderia tornar-se mais poderoso, descolando-se das dimensões sociais e emocionais do cotidiano (centradas no ego), tornando-se detentor de novos mecanismos ou canais de interlocução com os indivíduos, com os grupos e com a dimensão espiritual e divina. Isto possibilitaria formas e estratégias de poder diferenciadas das tradicionais, exercidas nas instituições e nas esferas propriamente políticas.

No novo estilo de vida identifica-se uma busca de "ficar ou estar Zen", no cotidiano, expressão bastante usual, não apenas entre os budistas.

> A meditação sentada é o Zazen, só que para nós a meditação mesmo ... é você conseguir colocar a tua experiência pessoal de estar ... no cotidiano. Não precisa estar sentado. Você pode fazer isto passando roupa, batendo à máquina, você consegue colocar sua mente num ponto de auto-tranqüilidade, de autocontrole, a partir do mo-

> mento que você pode ir a qualquer lugar, com o desenvolver desta técnica, desta prática, se autocentrar, se colocar dentro do seu verdadeiro e próprio referencial (Budismo Terra Pura).

E o Zen Budismo complementa:

> A libertação é ... você ir se desvencilhando de tudo aquilo que parece ser importante e que na verdade não é e se concentrar naquilo que é essencial, naquilo que é básico, naquilo que é profundo ... o caminho espiritual é uma questão mais de qualidade do que de quantidade ... Então é por isso que o mestre Zen diz "o que eu faço é dormir quando estou com sono, andar quando estou com vontade e comer quando estou com fome'"... Com a prática, com o treinamento (do Zazen), você vai se tornando um excelente dono-de-casa, um excelente motorista, um grande pescador ...

Para a Associação Cúpulas de S. Germain:

> A gente faz todo tipo de meditação, mas a maior meditação que nós fazemos aqui o dia inteiro, vinte e quatro horas por dia em serviço devocional, ou seja, empregar a nossa energia, a nossa força em servir só esta coisa maior que a gente quer, estes objetivos: transmutação alquímica. Então a gente se aplica nisso, a gente está o tempo inteiro envolvido com isto.
> Este novo estilo de vida inclui, no geral, além de práticas de autoconhecimento e de evolução espiritual, outros comportamentos. As relações com a natureza e as reverências a ela têm lugares de destaque.

Segundo a Arcádia Irmandade da Luz Solar, amando-se e respeitando-se a natureza, já se está amando a Deus, não é necessário ir à igreja, que seria "um atraso de vida", pois haveria um governo que manipularia o mundo, utilizando-se de técnicas de controle das pessoas. E as religiões seriam um dos melhores veículos para tanto, na medida em que essas manteriam as pessoas fanáticas que não crescem por auto-análise, pela busca de si mesmo (busca exterior). Mais importante do que a devoção, seria uma "moral prática" superior no cotidiano:

> A natureza auxilia muito o processo ... voltar ao interno. Na natureza, tudo se harmoniza mais: o silêncio, a tranqüilidade, você volta mais ao interno, no seu organismo tudo muda, você volta a dormir mais; o organismo entra como num sistema assim dentro do ritmo da natureza e é tudo mais puro, os contatos aqui nessa região, contatos telepáticos são uma coisa mais profunda (Arcádia Irmandade da Luz Solar).

O Santo Daime se vê como:

> ... um grupo religioso, espiritualista ... uma religião da Nova Era ... muito ligada com a natureza, com a floresta ... é um Império das Matas ... como um saber que estava dentro da floresta, ali restrito, que agora está chegando ao conhecimento ... fugindo, saindo das fronteiras do Acre ... A mata, ela é muito mais do que aquela mata material que está lá, tem uma floresta simbólica e espiritual ... que as pessoas renunciem ao chamado mundo da ilusão, quer dizer, passar a ter uma relação com Deus, consigo mesmo e dentro da floresta, dentro da natureza.

Além de uma relação forte de reverência à natureza, identifica-se uma preocupação com uma alimentação mais natural, menos carregada de agrotóxicos e em muitos grupos há tendência a não se comer proteína animal, ou seja, animais, sobretudo as encontradas nas carnes vermelhas.

Porque esse vivenciar, esse novo ser que está despertando dentro do seu ser é a escolha de um caminho

> ... e não se sai mais dele ... e estabelecer uma alta vigilância rígida em si. Então é o caso da alimentação. Aí esse

> conhecimento todo cai naquela história que Jesus dizia: "amar a si mesmo em primeiro lugar". Então, se você está entrando nesse caminho ... mais atenção naquilo que você coloca dentro do seu ser ... aquilo vai fazer parte do seu ser e você está se transformando naquilo que você come ... as pessoas estão comendo lixo, comendo morte ... A atual alimentação está criando uma sub-raça, uma degeneração genética.
> A alimentação influencia, porque a alimentação carnívora, a pessoa come carne, peixe, frango, ovos, laticínios, vai se bloqueando, vai entupindo os canais mentais ... os canais sutis onde fluem as energias sutis do corpo. Então a pessoa vai recebendo cada vez menos energias cósmicas e mais telúricas, então vai ficando densa ... vai ficando sem visão em relação ao cosmos ... a principal cura é a mente da pessoa e do coração, em relação aos sentimentos (Arcádia Irmandade da Luz Solar).

Além de muito incenso e de meditação, também se move em torno de uma literatura específica de como contatar seu anjo, de como ter sucesso espiritual, mitologia indígena. As obras de Paulo Coelho e a *Profecia Celestina* são apenas alguns exemplos da literatura que circula entre muitos freqüentadores dos grupos místico-esotéricos e entre o público dos alternativos ou não-convencionais, ora mais, ora menos religioso, mas são todas práticas tendencialmente holísticas (integrais, que buscam a unidade).

Em Brasília há inúmeros restaurantes naturais, lojas e livrarias especializadas, além do *Guia Alternativo Lótus*, de circulação bimensal, em que são publicadas matérias sobre as temáticas místico-esotéricas (Osho, horóscopo chinês, astrologia), além de anúncios de serviços alternativos relacionados a terapias, clínicas e institutos, cursos e *workshops*, entrepostos (produtos *diet*, naturais), farmácias. Na Espanha também não são poucas as revistas que tratam do tema. Podem ser citadas, por exemplo, *Cuerpo-mente*, *Integral*, *Esencial*,

Vital, *Fitomédica*, *Quo* y *Mundo High*. . Desenvolve-se, no geral, questionamentos da medicina ocidental-alopática e uma valorização da medicina oriental-alternativa-não convencional.

Pretende-se acabar com o sofrimento inerente à condição humana, e o processo pode funcionar como terapêutico. Neste sentido, afirma o Santo Daime: "*O Daime é uma terapia ética, uma coisa assim de você se curar, se conhecer*".

Vários grupos praticam tratamentos e terapias específicas para o auxílio das pessoas, como é o caso dos seguidores do Osho (Rosa Mística), do Instituto Solarion (Solarização) ou da Arcádia Irmandade da Luz Solar. Esta criou uma nova terapia, a Cosmoterapia, que compreenderia o homem como um todo, a partir de outras dezoito anteriormente utilizadas. Trata-se de uma *nova psicologia*, voltada à superação de problemas psicológicos, mas dirigida ao processo fundamental de autoconhecimento, construindo caminhos para se chegar ao eu interior, eu superior, ou à paz interior e à iluminação, além da cura. Porque é na dimensão interior do indivíduo que o sagrado é encontrado, vivido e atualizado. Sem experiência pessoal íntima não haveria experiência do sagrado, como lembra o filósofo espanhol, José Maria Mardones, já citado. Daí a importância e a conexão das novas religiosidades com as terapias, especialmente com aquelas de mediação corporal e emocional, porque se trata de uma religião do coração, da interioridade. Portanto, estas experiências religiosas tendem a se centrar cada vez mais no indivíduo, em seu equilíbrio psíquico e no seu bem-estar corporal, libertando-se de medos, angústias, culpas, vitimidades, ansiedades, favorecendo, portanto, uma realização pessoal para melhor atribuição de sentido, além de maior confiança, melhor capacidade de comunicação.

Tal como já foi dito, junto com o conceito de ecumenismo surge, nos discursos, a idéia do holismo – o ser como um todo, numa perspectiva integral. Limpeza, cura e libertação do corpo passam a ser centrais no processo de auto-aperfeiçoamento. Os discursos enfatizam-no como meio de expressão e de comunicação, informados por uma "nostalgia das origens" e por uma busca de continuidade ou integração perdida.

A ciência deverá, no futuro, ser construída e exercitada em novas bases, não mais de forma positiva e fragmentada, que concebe o universo como passível de ser submetido a leis fixas e objetivas. Assiste-se, segundo a maioria das lideranças, a uma "mudança de paradigma". O novo, holístico, veria o universo como um todo que é uno e está presente em tudo, em todas as partes. Quando a consciência pessoal tem chance de expandir-se, permitindo o encontro com o eu superior ou eu maior de cada um, há a possibilidade de sentir-se una ou integrada com a consciência universal ou com o cosmos. Objetiva-se a unidade do todo e a unidade com o todo, uma consciência unificadora, superando divisões e partições e transcendendo o pensamento dual-polarizado (bem e mal; certo e errado; céu e inferno). Assim, as fronteiras entre as técnicas, práticas, vivências, posturas, entre o propriamente religioso e o não religioso tendem a desaparecer. Diferentes tipos de meditação, *yoga*, viagem astral, controle mental, talismãs, *Tarot*, mestres espirituais, gurus, bruxos e bruxas, curandeiros, benzedeiras, são utilizados simultaneamente como vias de acesso à experiência mística, e como um estilo de vida, que questiona valores básicos da modernidade na vida cotidiana. Dai que os resultados serão, mediante uma centralização no processo de autoconhecimento, uma melhor qualidade de vida e um caminho de busca de iluminação. Afinal, encontrar-se com o nosso Eu maior, superior, crístico, não é outra coisa do que se acercar do todo absoluto e uno, porque o Eu é, em si mesmo, este todo absoluto e uno. Sem dúvida, o processo passa por um movimento de ensimesmamento.

A transcendência pode ser vivenciada a partir de suas manifestações na vida cotidiana, à medida que a presença do religioso, a apropriação, o uso e a manipulação dos símbolos e da experiência religiosa ocorrem, cada vez mais, fora da armadura institucional e das instituições especializadas em religião. Assim, o religioso se configuraria cada vez mais desde e na tomada de consciência de problemas, experiências, que são vivenciadas no cotidiano, tais como a ameaça ecológica. Alguns autores, tal como o filósofo José Maria Mardones, afirmam que o ponto de partida e o de encontro da experiência do transcendente se apequena e se banaliza, mas se expande pela sociedade. Há pensadores que falam em pequenas e médias transcendências e um distanciamento de grandes transcendências. Pensamos que não nos ajuda classificar transcendências. Ou as grandes transcendências seriam apenas as que passam pela instituição religiosa e seus administradores, o clero? O que sim podemos afirmar que há uma tendência, concordando com autores tais como Campbell, já citado, de se adotar uma concepção do divino cada vez mais no imanente, privilegiando-se a imanência na busca de transcendência, privilegiando-se a dimensão do mundo interior, mística em relação ao mundo exterior, ascético.

O antropólogo brasileiro O. Velho introduz questões importantes para a reflexão da religiosidade na contemporaneidade. As dimensões do "aqui e agora" e do cotidiano vêm ganhando espaço, movimento que indicaria a construção de um novo equilíbrio com as tendências milenaristas tradicionais. Ainda que não desapareçam, estas últimas passam a ter um lugar mais sutil, e se vivencia a possibilidade de se reconciliar a velha oposição entre religiões de possessão (em que o tempo se identificaria com um eterno presente) e religiosidades messiânicas (voltadas para a redenção). A salvação se secundariza ou se ressignifica. O trânsito entre tradições, poderia também ser percebido a partir da ênfase no

"*Espírito*, na *energia* e na *libertação. A Gaia da Nova Era*". Esses seriam apenas alguns dos muitos exemplos que se poderia dar de conceitos, categorias, que vêm surgindo em outras sociedades, em sua relação com o processo de globalização. O autor sugere o quanto esse processo poderia estar indicando uma historicização radical e, utilizando-se do vocabulário religioso como recurso, uma maior fluidez na direção de uma *atenção aos sinais dos tempos e da bendição da contingência ... talvez se esteja na verdade propondo uma outra organização da racionalidade e um vocabulário alternativo no qual Zeitgeist (espírito do tempo) e Geistzeit (tempo de espírito) se identificariam.*[2] Destaca que a *experiência* e os *efeitos* parecem assumir ou adquirirem estatuto *estrutural e comunicacional*, podendo ser, ambos, associados, no plano da religiosidade, com o transcendente. Mais importante do que formular um novo projeto para a sociedade, ou ajudar crianças abandonadas, seria centrar-se no crescimento individual (meditação, limpeza, desapego, iluminação). Não se poderia pensar em revolucionar o mundo sem antes se revolucionar a si mesmo.

A referência predominante não se centra mais em torno de um Deus uno, exterior e todo poderoso (ainda que a idéia de Deus esteja presente em todos os grupos). Identifica-se uma pulverização ou fragmentação do divino no mundo concreto e cotidiano (pessoas, animais, plantas), quebrando-se a hegemonia do monoteísmo e privilegiando-se os poderes dos indivíduos.

> O que tem que ser feito, quem te diz é o seu eu mais profundo, sua divindade mais verdadeira, seu eu superior. Quando as pessoas ficam com besteiras, aí ficam malucas, com complexos, cheios de coisas, com

[2] VELHO, O . V., *Globalização. Antropologia e religião.* IN **Globalização e religião**, ORO Ari P. e STEIL, Carlos A. (Org.). Petrópolis: Vozes, 1997. p. 56.

> esquizofrenias, com um monte de coisas na cabeça, que não existem. Ficam com crise, crise existencial, com problemas que não existem, que a mente inventou para ela! A mente é uma forma criadora. Então é necessário direcionar a mente para pensar a perfeição, para pensar coisas boas, para pensar na plenitude, em coisas leves e não se ocupar em detonar (Associação Cúpulas. de S. Germain).

À medida que a religiosidade vem se concentrando na esfera do privado, adquire características cada vez mais íntimas e emocionais. A vivência ou a experiência do sagrado, do misterioso, do numinoso, da religiosidade concentra-se no indivíduo. É ele quem se constitui como centro da nova religiosidade, assim como é símbolo da sociabilidade na modernidade.

Por sua vez, os significados, princípios, valores, da religiosidade místico-esotérica de que se está tratando articulam-se, ainda que de diferentes graus e maneiras, a todo um mercado já existente de alternatividades ou práticas não-convencionais: terapias (cura astral, aplicação de *heiki*, iridologia, florais, homeopatia), de massagens (*do-in*, *ayurvédica*, *shiatsu*), de práticas e de técnicas de auto-ajuda, de relaxamento, de harmonização dos *chakras*, de energização, de meditação, acupuntura, *yoga, tai-chi-chuan,* astrologia e mapa astral, sessões xamânicas só para homens, rituais da lua cheia só para mulheres, leituras de *Tarot*, de *I-Ching* e de runas, objetos (cristais, pedras específicas segundo o signo e o ascendente, duendes). Alternativas que compõem o processo de auto-aperfeiçoamento, autoconhecimento e auto-deificação.

Interessante lembrar, que o antropólogo Magnani, após realizar uma pesquisa, intitulada *O neo-esoterismo na cidade*, mapeando e classificando a diversidade de práticas por ele chamadas de neo-esotéricas em São Paulo, sugere que:

> *a emergência de padrões de comportamento que, como hipótese, começam a caracterizar significativamente a oferta e procura de bens na área das práticas mágico-esotéricas no contexto das grandes cidades, instituindo modos ou estilos de vida diferenciados ... Se de um lado, o aspecto mais marcadamente comercial do neo-esoterismo produz e tem como alvo um consumidor ingênuo e indiscriminado, de outro é possível identificar o adepto dessa ou daquela corrente, sofisticado e esclarecido.*
>
> *Entre estes dois pólos vai-se constituindo um público formado por padrões regulares de consumo (certo tipo de música, de livros, de objetos), que cultiva hábitos alimentares tido como saudáveis e "naturais", que está preocupado e despende tempo e recursos com práticas destinadas ao desenvolvimento harmônico de corpo e espírito dentro de uma visão "holística", e que exercita sua espiritualidade fora das igrejas e ritos convencionais.*[3]

Assim, as novas tendências religiosas, sobretudo as que aqui estão sendo enfatizadas como místico-esotéricas, não correspondem nem ao tipo igreja, nem ao tipo seita. O fenômeno se caracteriza mais como uma rede e as lideranças não exercem suas lideranças, sobretudo, como controladores de um espaço religioso. Os líderes são, simultaneamente, escritores, conferencistas e principalmente terapeutas. Essas redes de religiosidade se reúnem e se configuram em torno de livrarias, de terapias, de centros de práticas alternativas ou não convencionais.

A seguir serão apresentadas informações de várias frentes da pesquisa que vem sendo desenvolvida em

---

[3] MAGNANI, J. Guilherme Cantor, *O neo-esoterismo na cidade*. IN **Tempo Social - Dossiê Magia**. **Revista de Sociologia da USP**, Departamento de Sociologia, Faculdade de Filosofia, Letras e Ciências Humanas da Universidade de São Paulo – no. 31, São Paulo: USP, FFLCH, 1996, p. 15 .

Brasília, no sentido de melhor entendermos a busca por novas religiosidades e um novo estilo de vida e a psicologização da religiosidade.

Adeptos dos grupos místico-esotéricos.

Os dados que seguem foram coletados a partir de perguntas abertas, parte de um questionário aplicado a 200 adeptos de mais de 40 grupos místico-esotéricos existentes em Brasília e região.

Como principais problemas da sociedade atual, destacam-se os que aparecem associados aos valores tanto das novas religiosidades, quanto das religiões tradicionais (*vivemos os escombros dos quais surgirá a Nova Era; inconsciência das pessoas com relação à sua própria divindade; desequilíbrio energético; falta de consciência do Eu; lutas egocêntricas; desconhecimento de que carma significa dialética; produção de muito carma ao planeta; afastamento de Deus; falta de religiosidade; falta de humildade; falta de fé; falta de perdão; falta de um guia*). Mas esses são tão significativos quanto os socioeconômicos (*miséria, educação; saúde; desemprego; incompetência dos governantes; crescimento populacional; baixa qualidade de vida; crianças abandonadas; doenças; caos urbano das metrópoles; corrupção política; ditadura dos meios de comunicação*). Entretanto, a maior parte dos problemas atuais é de tipo comportamental (*preconceito; falta de solidariedade; de compaixão, de disciplina; egoísmo; ganância; individualismo; consumismo; maldade; desagregação de valores; alcoolismo entre jovens; vícios de caráter; aborto; suicídio; incomunicabilidade entre pessoas e entre grupos; falta de diálogo familiar*). Esses poderiam ser considerados como problemas socioeconômicos ou sociais. Foram separados na medida que a ênfase está aqui centrada na dimensão comportamental das pessoas, destacando-se os valores humanos e não aqueles valores ligados mais diretamente à cidadania, às instituições e ao Estado. Assim, os problemas são localizados principalmente na dimensão mais imediata, seja na interioridade das pessoas, seja no convívio humano.

Contudo, os principais elementos/conceitos que foram incorporados pelos informantes, depois de passarem a freqüentar algum grupo místico-esotérico transitam em torno de elementos típicos de valores das novas religiosidades, compondo 60.0% do total dos conceitos indicados. São eles: *pesquisa verdadeira; unidade na diversidade; meditação para avaliação do dia; ver a vida sem maiores desejos; elementais, Eu interior; numerologia; cabala; energia; cristais; não julgar; abertura da mente; tudo o que se faz, retorna; universo infinito; nós criamos os próprios valores; busca interior, autoconhecimento; crescimento pessoal; libertação interior; darma; corpos astrais; estar sempre atento; vida é celebração; priorizar vida saudável; filosofia oriental faz ver a vida diferente; desapego do eu; valorização da natureza como reflexo da Deusa, visão xamânica do mundo; Eu maior; conexão corpo-alma-espírito; dívida cármica; conhecimento das capacidades mentais; tudo é possível; indivíduos são parte de um todo maior; somos um universo em nós mesmos; compaixão, caminho-do-meio; estar bem consigo mesmo; consciência de Krishna; saúde como extensão do equilíbrio; valorização da consciência dos atos.*

Em segundo lugar identificam-se valores religiosos de caráter mais tradicional: *as pessoas necessitam de um alimento espiritual; amar ao próximo como a ti mesmo; há uma verdade; espírito-alma; fé abrange tudo; já nasceu em uma família bahá'í'; somos eternos; compreensão das coisas; tolerância; perdão; abrir o coração; pureza; verdade; prática do bem irrestrito; respeito ao próximo; ajudar ao próximo; trabalhar para os outros; resignação à vontade divina; amor a Deus; participação nos rituais; fé; os mandamentos; doutrina cristã;*

importância da vida espiritual; agradecer a Deus; caridade; conceitos do espiritismo; orar pela felicidade do próximo; gratidão; crença em Deus; conduta doutrinária; conduta moral; transcendência; doutrina; necessidade de se ligar a uma doutrina. Ambos, juntamente, compõem quase 90.0% das respostas. Assim, se confirma o trânsito dos valores e significados de religiões mais tradicionais e os de caráter mais atualizados, incorporados desde outras religiões ou filosofias e das novas práticas não convencionais.

Em se tratando das alterações que teriam ocorrido na vida dos adeptos depois de aderirem a algum grupo místico-esotérico, destacam-se, compondo 30.1% do total de indicações, as mudanças de tipo psicológico-existencial: *o tédio e o vazio estão preenchidos; minimização das insatisfações; mais calma; mais alegria; maior realização como pessoa; conhecimento dos sentimentos; realização; aprender a lidar com os defeitos; tranqüilização; os questionamentos estão se clareando; menos bebida alcoólica; parar de se drogar; adquirir mais preparo para superar as dificuldades; conseguir colocar em prática o que sabia teoricamente; relativização do individualismo exacerbado; aprender a se soltar mais; aprender a ser mais otimista com relação ao mundo; maior satisfação com a vida; as insatisfações da vida passaram a ser vistas como momentos passageiros; aquisição de diretrizes para o bem viver; melhor compreensão das insatisfações e melhores condições de manejá-las; mudança de visão diante dos problemas; maior praticidade diante da vida; confiança; melhor sociabilidade, livrar-se da sensação de vitimidade; mais serenidade; menos ansiedade; maior tranqüilidade; melhor relação comigo e com os demais; tomada de consciência da busca por conhecimento; autoconfiança; diminuição das angústias; pensamento positivo; visão mais clara das insatisfações; menor vazio.*

Em segundo lugar indicam-se as alterações mais diretamente associadas aos valores das novas religiosidades: *maior harmonia em todos os níveis; as insatisfações vêm do transitório, dos apegos; perceber o verdadeiro significado das coisas; necessidade de se harmonizar com as leis universais; maior contato comigo mesmo e conseqüentemente, uma maior lucidez; conceito da existência em si, em que cada um busca de uma forma distinta, em sua história particular; mudança de atitude interna frente aos problemas; centramento; aprendizagem sobre o interior; meditação; todas as verdades estão dentro da pessoa mesmo; abertura para o mundo interior; conseguir se impor uma alimentação sadia; pensar localmente e agir globalmente; aumento da percepção das coisas como parte do todo; estabilização espiritual; não se aceita mais qualquer pensamento; os pensamentos passaram a ser filtrados; melhor qualidade de vida; encontro comigo mesmo; mudanças internas; equilíbrio em lidar com as coisas materiais; autoconhecimento; canalização de energia; diminuição do fluxo mental; passa-se a entender a posição de si mesmo no Universo; passa-se a perceber que a insatisfação interna era a insatisfação externa; maior poder de análise; consciência e clareza; maior capacidade de neutralizar tudo o que faz mal; estar mais próxima do que realmente se é; maior importância ao pessoal em relação aos problemas sociais; abastecimento interior; deixar de culpabilizar os outros; desapego; descoberta de formas de como lidar com as próprias sensações, mente e mundo; sintonizar-se consigo mesmo; olhar-se mais para seu próprio interior; clareza de que não se conseguirá modificar a situação do mundo; maior auto-aceitação a cada dia.*

Por sua vez, 56.0% dos informantes afirmam não ter deixado de fazer algo em decorrência de sua participação em algum grupo místico-esotérico. Isto nos leva a pensar a possibilidade de que os significados por eles incorporados não são vivenciados como imposição, pertencentes à exterioridade, mas sim como parte de algo desejado e construído pelo indivíduo. No plano da subjetividade parece ocorrerem mudanças, cujos reflexos expandem-se ao espaço social ou público, sendo reconhecidos como elementos ou signos de um novo estilo de vida. Essa hipótese é melhor compreendida se considerarmos que cerca de 55.0% dos adeptos freqüentam, sempre ou eventualmente, outros grupos místico-esotéricos. Esse trânsito indica o quanto a busca é individual, o que possibilita a caracterização desses adeptos em termos de um *bricolagem* ou "gula esotérica".

Há uma relativa consciência da importância dos problemas socioeconômicos da sociedade em que se vive na atualidade. Entretanto, as incorporações de valores, conceitos, visões de mundo que ocorreram a partir da adesão remetem-se, sobretudo, à dimensão religiosa. Por sua vez, as alterações se deram particularmente no plano psicológico-existencial-pessoal-comportamental. Parece que realmente as fronteiras entre as novas religiosidades investigadas e os processos mais propriamente psicológicos ou terapêuticos vão se diluindo. Bastante instigante é a confirmação do trânsito dos adeptos pelos vários grupos.

A média geral de grupos místico-esotéricos procurados pelos informantes, independente de idade é de 3,2 grupos. A média mais significativa é a das pessoas com mais idade (5,7 grupos, em média, foram procurados pelas pessoas entre 43 e 49 anos). Mesmo os menores de quatorze anos já passaram, em média, por 1,5 grupos. Os jovens entre 22 e 28 anos já circularam por 3,3 grupos.

Além dos informantes, independentemente da idade, transitarem pelos grupos, eles também utilizam práticas alternativas ou não convencionais, em todos os intervalos de idade, com grande freqüência. As práticas são: acupuntura, astrologia, mapa astral, biodança, cristais, cromoterapia, fitoterapia, florais, homeopatia, iridologia, massagens terapêuticas, meditação, *Tai Chi Chuan*, *Tarot*. Todas as faixas etárias apresentam médias superiores a seis práticas. Considerando a dependência financeira dos jovens de até 14 anos, é significativa a média apresentada por eles de 8,3 práticas alternativas já utilizadas. As pessoas entre 43 e 49 anos são as que se destacam com maior circulação entre os grupos, e o mesmo ocorre com o consumo de práticas alternativas ou não-convencionais. Trata-se da geração que vivenciou, direta ou indiretamente, vários sonhos: o dourado do capitalismo americano e o desenvolvimentismo do pós-guerra, o sonho revolucionário do socialismo, maio de 1968 e o movimento *hippye*. Parece que depois da queda do muro de Berlim, o sonho que permanece com mais força é o contra-culturalista dos anos 1960, ainda que ressignificado. De qualquer maneira, todos os adeptos, de diferentes idades circulam por vários grupos e buscam muitas práticas alternativas ou não convencionais.

Freqüentadores do Templo da Boa Vontade (TBV).

Os freqüentadores ou visitantes esporádicos do TBV, ao saírem, se desejarem, podem registrar em alguns livros, seus comentários, sugestões e impressões. Estes livros ficam em uma mesa no acesso ao Templo e eles foram nossa fonte de informação. Cada página possui dois carimbos idênticos delimitando uma área que tem campos para que o visitante informe o nome, o local de residência, a atividade profissional exercida e comentários.

O resultado do trabalho de coleta desses dados foi um banco com aproximadamente 8 mil registros. Desses, após uma depuração inicial, foram aproveitados apenas 3.858, pois foram desprezados os registros (um registro é um carimbo do livro) que não possuíam comentários. As observações, transformadas inicialmente em palavras-chaves foram agrupadas em grandes categorias.

Na primeira dessas categorias, "Sensações psicológicas", enquadram-se 36,0% dos comentários. As palavras e idéias-chave que deveriam estar presentes em um comentário para que ele fosse incluído nessa categoria são as seguintes: *agradável, saudável, gratificante, paz, confiança, leveza, tranqüilidade, calma, harmonia, harmonização, liberdade, liberdade de pensar, libertação, serenidade, positividade, calma, emoção, relaxamento, esperança, solidariedade, fraternidade, desabafar, rever atitudes, alegria, confraternização, humanidade, amizade, encontro, refúgio, reconforto*. Os comentários categorizados sob o rótulo "Sensações psicológicas" são, portanto, aqueles em que o visitante expressa o que nele foi despertado pelo TBV.

A segunda categoria, a das "Sensações místico-religiosas", correspondendo a 33.0% das indicações, classificam os comentários que envolviam as seguintes idéias: *irradiação, energia positiva, vibrações, energias cósmicas, forças, emanações de energias universais, iluminação, benção, luz, pureza espiritual, graça, sagrado, fé, transcendência, cósmico, mágico, paraíso, presença que vem do alto, providência divina, presença de Deus, Jesus Cristo, Criador, Cristo, ecumenismo, Eu interior, Eu superior, evolução espiritual, mergulho no interior, espiritualidade*. Ou seja, são comentários referindo às forças ou coisas de existência metafísica.

A terceira categoria utilizada, correspondendo a 27.0% das indicações, diz respeito aos comentários que faziam referências positivas ao espaço. Esses comentários são aqueles em que se declara ser o TBV *deslumbrante, sublime, brilhante, resplandecente, uma obra grandiosa, "coisa de primeiro mundo", de bela arquitetura, que contém ar puro, obra de arte, bonito, belo*.

As demais observações, tais como "comentários proverbiais religiosos", "comentários proverbiais gerais", "encontros místico-religiosos", "agradecimentos", "pedidos imanentes" e "pedidos transcendentes" não alcançam 10.0% do total das observações.

É importante destacar como se estabelecem as correlações entre, como o TBV autocaracteriza-se (a partir de um ecumenismo irrestrito, em que cabem todas as religiões, credos, doutrinas), e de como o templo é vivenciado pelos freqüentadores e/ou adeptos. Estes tanto podem se referenciar, de forma enaltecedora, apenas ao espaço físico, como podem vivenciar a dimensão místico-esotérica ou a dimensão religiosa de tipo mais tradicional. De qualquer forma destaca-se a dimensão psicológica, de bem-estar individual no conjunto das anotações. Esses dados tendem a confirmar a existência de uma demanda que não aprecia fundamentalmente discursos complexos, mas sim, situações e práticas de efeitos especiais de curta duração.

Estudantes da Universidade de Brasília.

Os dados que seguem fazem parte da pesquisa comparada internacional intitulada *Religião e esoterismo, práticas místico-esotéricas e atitudes políticas entre estudantes*, referida no início deste livro. Ela foi realizada com estudantes universitários de 16 universidades de 10 países (5 americanos e 5 europeus). Tratam-se aqui de estudantes da Universidade de Brasília e os dados foram coletados entre agosto de 1998 a julho de 1999, seguindo a metodologia exposta no início deste livro. Foi realizada com 332 estudantes de graduação (51.0% do sexo masculino e 49.0% do sexo feminino), sendo a maioria jovem – 82.0% dos informantes têm entre 18 e 24 anos de idade.

Em torno de 40.0% dos estudantes aceitam os conceitos orientais de reencarnação e carma. Esse percentual é significativo num país de forte tradição católica. Esse fato pode ser relacionado por um lado à forte presença do espiritismo Cardecista nas classes médias brasileiras, e por outro, à grande influencia das religiões orientais em crescente expansão no Brasil, nas duas últimas décadas

No que se refere às práticas e crenças esotéricas, a análise fatorial das mesmas demonstrou a existência de dois fatores, ou seja, dois grupos de práticas que foram indicadas pelos informantes conjuntamente. O primeiro grupo inclui as práticas esotéricas que, em sua maioria, estão ancoradas no corpo: medicina alternativa ou não-convencional, meditação, massagem, acupuntura. O segundo grupo, composto por cartomancia, mapa astral, tarot, I Ching, astrologia, etc, têm um caráter mais místico estando ancoradas mais no espírito e na mente no que no corpo. Ainda que os dados tenham sido agrupados a partir desses dois fatores (práticas corporais e práticas esotérico-espirituais), há uma correlação positiva entre todas as práticas consideradas pela pesquisa. Ou seja, pessoas que praticam meditação e/ou medicina alternativa ou não convencional, tendem a praticar também cartomancia, tarot. Os dados confirmam o típico padrão de bricolagem já citado para os adeptos de grupos místico-esotéricos, em que o sujeito compõe seu processo de autoconhecimento a partir de um forte experimentalismo e pela circulação nos diferentes grupos. Isso se dá pelo acesso à rede informal e organizadora das várias "comunidades" esotéricas, do acesso livre e voluntário e que as pessoas podem circular.

Destaque-se que no primeiro grupo de práticas (centradas no corpo), a medicina alternativa ou não convencional é a mais forte, com 64.0%. Ela é seguida pela meditação, com 41.0%, pela massagem, com 27.0% e pelas práticas orientais com 23.0%. As demais práticas, ou seja, psicoterapia e acupuntura correspondem a menos de 20.0%. O curandeirismo, que interseciona essas práticas e as demais, de caráter mais místico, representa a menor percentagem, com 12.0%.

O segundo grupo remete-se mais diretamente à dimensão do imaginário, sendo que a maioria das práticas esotéricas se relaciona às adivinhações e à interpretação da própria personalidade por meio de símbolos. As porcentagens também são instigantes: horóscopo, 66.0%; prestar atenção na lua, 44.0% e interpretação dos sonhos, 43.0%. As demais práticas, tarot, mapa astral e cartomancia localizam-se entre 25.0% e 30.0%. Nesse segundo grupo encontram-se as atividades místicas que estão aparentemente mais próximas à magia.

Os dados sobre esoterismo são complementados pelo fato de cerca de um terço dos estudantes ter declarado já ter lido um ou mais livros sobre medicina alternativa, religiões orientais e astrologia. Ainda que essas porcentagens não sejam muito altas, indicam interesse por parte dos estudantes sobre assuntos dessa natureza.

Cabe considerar ainda dois outros elementos: primeiro, que a partir dos anos 1980 surgiu uma imensa produção literária sobre esses fenômenos, o que os tornou mais acessíveis e consumíveis; segundo, tomando em consideração as pesquisas que demonstram os baixos índices de leitura dos estudantes brasileiros, em geral, pode-se considerar alto o percentual (em torno de 30.0%) dos que lêem sobre esoterismo. Certamente há mais estudantes que leram os livros de Paulo Coelho do que leitores de Marx ou Maquiavel.

Pôde-se observar, no que toca às práticas corporais e esotéricas e às crenças mágicas, que cerca de 20.0% não se utilizaram de nenhuma delas. Se por um lado, esses podem ser considerados como distanciados das práticas e crenças, por outro, destaca-se que cerca de 30.0% já experimentaram várias (3 ou mais) práticas corporais; 45.0% já vivenciaram 3 ou mais práticas esotéricas e a mesma porcentagem acredita em 4 ou mais das 9 crenças mágicas indicadas. Assim, confirma-se o quanto as práticas corporais e esotéricas, bem como as crenças mágicas estão presentes entre os estudantes universitários.

Essa presença é nitidamente mais forte entre aqueles que declararam ser espíritas ou professarem outras religiões (orientais, afro-brasileiras, etc). Os católicos e os que declararam não ter religião apresentam padrões próximos com respeito às práticas e às crenças esotéricas. Por sua vez, os protestantes localizam-se, claramente, no lugar de menor consumo de práticas e de credulidade nas crenças mágicas.

Ou seja, as afirmações de Otávio Velho,[4] parecem plenas de sentido: *... as mudanças que têm se dado ultimamente não se restringem a questões e grupos periféricos, como pareceria ser o caso dos chamados "novos movimentos religiosos". Dão-se no cerne mesmo do pensamento de grande parte da população e portanto (suponho eu) até mesmo entre os adeptos das religiões ocidentais históricas, apesar da tendência genericamente observada por Campbell para o seu declínio".*[5]

Afirmações que são também confirmadas pelos dados relativos à VI Feira mística de Brasília.

Feira mística de Brasília.

Foram aplicados 210 questionários a visitantes da VI Feira mística de Brasília (1997). Essa é similar a qualquer outra feira desse tipo, comum em todo o Ocidente. Oferecem-se medicinas e produtos não-convencionais, (naturais, sem agrotóxicos), as mais variadas leituras de cartas, cursos, *worshops*, conferências, cristais, pedras, amuletos. Os dados aí obtidos indicam que o motivo para

[4] VELHO, O., *A orientalização do Ocidente: comentários a um texto de Colin Campbell*, op. cit, 1997. p. 22.

[5] Refere-se a CAMPBELL, C., *A orientalização do Ocidente: reflexões sobre uma nova teodicéia para um novo milênio*, op. cit, 1997.

a visitação, apontado pela maioria dos visitantes, foi o "interesse por assuntos místicos" (43.3%). Entretanto, 35.0% dos informantes declararam não freqüentar nenhuma religião ou grupos místico-esotéricos. Destes, 20.0% declararam estar na busca de uma religião que "preencha sua busca interior". Dos 65.0% restantes, que declararam possuir uma religião, 58.1% são católicos, 35.9% são espíritas e 6.9% pertencem a outras tendências religiosas.

Apesar da grande oferta de religiões e de religiosidades existente na capital, quase 60.0% dos visitantes são católicos e quase 40.0% são espíritas, ou seja, membros de religiões tradicionais. Os adeptos dos grupos místico-esotéricos não são freqüentadores típicos da Feira mística, ainda que sejam grandes consumidores de produtos, práticas, de terapias alternativas ou não-convencionais do tipo *New Age*, seus espaços de compra e circulação são mais especializados, tal como já tratado anteriormente. Assim, além do grande número de grupos místico-esotéricos e de adeptos existentes na capital, parece haver uma busca ou ao menos uma simpatia pelo místico-esotérico e pelas práticas alternativas ou não convencionais em geral, por parte da população da cidade e região em geral. Observe-se que do total de informantes que afirmou não freqüentar grupos ou religiões, 10.0% afirmaram não gostar de religião e outra parcela equivalente declarou que apesar de não possuir uma religião, considera-se religiosa ou acredita em Deus.

A amostra entrevistada identifica grande variedade de profissões: bancários, militares, donas-de-casa e, sobretudo, estudantes (cerca de 26.0%). Os aposentados compuseram apenas 4.4% dos visitantes. A disponibilidade dos jovens também é confirmada pela freqüência ao TBV: quase a metade dos freqüentadores do Templo tem até 24 anos e apenas 11.5% do total de visitantes têm mais de 56 anos de idade, sendo que apenas 7.2% declararam-se aposentados.

Religião e Seita.[6]

A partir do que aqui foi exposto, é possível deduzir que não se pode denominar os grupos místico-esotéricos como tão usualmente se faz, de seitas. Como esclarecido por Pepe Rodríguez [7], "seita" surgiu etimologicamente por volta dos séculos XIII-XIV e parece ter como referência fundante "andar atrás de", "tomar por guia a", "separar-se", "distanciar-se", ou ainda em outra derivação, "cortar", "partir", "amputar" ou "mutilar". Não se trata de uma religião, no sentido durkheimiano do termo, profundamente vinculado à institucionalização e a uma forte separação entre profano e sagrado. Tampouco seita, se tomarmos as definições de Weber, já que esses dois conceitos envolveriam um *ethos* religioso rígido, em que a membresia caracteriza-se como um valor primordial, pois ela tem o poder de indicar a conduta do membro somente pela auto-identificação a uma igreja ou seita.

Para Durkheim, religião seria um... *sistema solidário de crenças e de práticas relativas a coisas sagradas, isto é, separadas, proibidas, crenças e práticas que reúnem numa mesma comunidade moral, chamada igreja, todos aqueles que a elas aderem.*[8] Identifica-se nessa conceitualização algumas características fundamentais.

---

[6] Agradeço as discussões realizadas com Odair José Torres Araújo, meu orientando de doutorado no Programa de Pós-graduação em Sociologia da Universidade de Brasília. Elas contribuíram significativamente para as idéias expostas neste item.

[7] **Adicción a Sectas. Pautas para el análisis, prevención y tratamiento,** Barcelona, Ed. B, 2.000. p. 18.

[8] DURKHEIM, E., op. cit., 1996. p. 32

Primeiro: destaca-se a separação entre *sagrado* e *profano*. Segundo: trata-se de um conjunto de crenças e práticas que têm o poder de agregar pessoas e de orientar condutas. A fidelidade do membro à sua igreja é central. A ética do grupo, reafirmada no comportamento do indivíduo, é fundamental na identificação deste com a comunidade moral. Portanto, a religião, além de ser criadora e definidora de sentido,[9] também é identitária.[10]

De qualquer forma, Weber, quando analisa as seitas protestantes e o espírito do capitalismo nos EUA, ressalta uma distinção importante entre religião e seita.

> *Uma igreja é uma corporação que organiza e administra os dons religiosos da graça, como uma fundação. A filiação a uma igreja é, em princípio, obrigatória e portanto nada prova quanto as qualidades dos membros. A seita é, porém, uma associação voluntária apenas daqueles que, segundo o princípio, são religiosa e moralmente qualificadas.*[11]

Destaca-se a importância da membresia. Por um lado, a exclusão de uma pessoa de uma seita, por motivos morais, implicava em perda de crédito e mesmo de "classe". Por outro lado, ao se identificar um indivíduo como membro de uma seita, a essa membresia se associava uma determinada conduta ética e moral. Ainda assim, ambas as associações seriam mais acentuadas em relação à seita do que à igreja. Ou seja, a membresia, o pertencimento, é mais significativa na primeira do que na segunda.

Entretanto, no caso brasileiro, vários autores concordam com a idéia de um sincretismo religioso que seria constituinte da sociedade, como é o caso de P. Sanchis,

---

[9] Consultar PRANDI, R., op. cit., 1997 e BERGER, P., op. cit, 1985.

[10] Consultar, SANCHIS, P., op. cit,. 1997.

[11] WEBER, M. op. cit, 1982. p. 351.

[12] PRANDI, R., op. cit, 1999.

[13] BRANDÃO, Carlos Rodrigues. A crise das instituições tradicionais produtoras de sentido. In: MOREIRA, Alberto & ZICMAN, Renée (orgs.). ***Misticismo e novas religiões***. Petrópois, RJ: Vozes, 1994.

já citado. Prandi[12] sugere que os agentes religiosos da atualidade seriam pouco fiéis, ou seja, não se identificaria uma necessidade de se ter um único sistema religioso orientador de conduta. Ele argumenta que a escolha religiosa tende a se configurar em termos de uma sentido pluralista. Brandão[13] indica que o sincretismo seria uma opção que se dá na subjetividade, que atenderia, sobretudo, aos anseios do indivíduo. Nessa direção também afirma Carvalho[14] que mesmo no ser "religioso plural" haveria diferentes níveis de complexidade, sugerindo que a opção do ator religioso se daria numa direção que evite conflitos e contradições na dimensão do *foro* interno. Leila Amaral[15] afirma

> *...Essa busca espiritual, através do trânsito livre, parece indicar, pela ótica desses buscadores citadinos, a possibilidade de estabelecer vínculos e captar sentido que ainda não estão dados, mas que podem ser imaginados. A mistura anárquica dessa religiosidade caleidoscópica parece oferecer, então, pela carnavalização, o seu sentido sociológico preliminar: colocar em presença falas, discursos e atitudes, nem sempre coerentes e harmoniosos, para sentir-se no meio das novas discussões desencadeadas pelo paradoxo da pós-modernidade.*

O quadro que se apresenta indica uma relativa "autonomia dos atores religiosos" e de uma busca religiosa contemporânea marcada por uma pluralidade religiosa.[16] Não se identifica uma necessidade de se fixar – mem-

---

[14] CARVALHO, J. J., op. cit, 1994. p. 81.

[15] AMARAL, Leila. **Carnaval da Alma. Comunidade, essência e sincretismo na Nova Era.** Petrópolis: Vozes, 2000. p. 207.

[16] Consultar a este respeito, por exemplo, SIQUEIRA, Deis. ***Pluralidade e trânsito religioso entre as novas religiosidades:*** *sincretismo brasileiro constituinte*. Brasília. Mimeo, 1999. De Reginaldo PRANDI, *op. cit, 1997* e op. cit, 1999.

bresia – em um único sistema religioso, uma única religião ou seita. Seguindo as pistas dadas pela bibliografia clássica da Sociologia da Religião, tem-se que estas se caracterizam por orientações rígidas e por definições bem marcadas do que seria sagrado e profano. As novas religiosidades seriam caracterizadas pelo pluralismo, noções não rígidas de sagrado e profano, religião e psicologia, além de se definirem como anticlericais, anti-hierárquicas e antiinstitucionais.

Portanto, a "labiríntica busca religiosa na atualidade" é acompanhada por uma "labiríntica busca teórico-metodológica", pelo menos por parte da Sociologia.[17]

Mercantilização e narcisimo das lideranças das novas religiosidades. Quase conclusões.

Em Psicologia da Saúde, *enfrentamento* parece ser um conceito importante. Traduzido do inglês *coping,* refere-se ao processo pelo qual as pessoas tratam de compreender e lidar com importantes exigências pessoais ou situacionais em suas vidas.

Apoiado por várias fontes bibliográficas, J. G. Paiva indica que a religião pode integrar processos de enfrentamento, sugerindo até mesmo, do ponto de vista dos valores e atitudes, a correlação positiva entre religião e saúde, por parte dos enfermos com Aids por eles pesquisados, justificaria a introdução do enfrentamento religioso/espiritual nos programas de prevenção e inter-

[17] Consultar a este respeito de Deis SIQUEIRA, *A labiríntica busca religiosa na atualidade: crenças e práticas místico-esotéricas na capital do Brasil.* IN **Série Sociológica**, Universidade de Brasília, Departamento de Sociologia, no. 185, 2001.

[18] PAIVA, J. G. de, *AIDS, Psicologia e Religião: o estado da questão na literatura psicológica*, in **Psicologia: teoria e pesquisa**, vol. 14, nº 1, Silva Neto N. A. (ed.), Brasília, Universidade de Brasília, Instituto de Psicologia, jan-abril de 1998.

venção dirigidos a populações específicas, possibilitando a avaliação de sua eficácia. Segundo este autor, *A religião, ademais, pode gerar um repertório de novas atividades de enfrentamento, no campo das relações pessoais, da espiritualidade, da cognição, da emoção e do comportamento individual ou social.*[18] Afinal, a capacidade singular da religião de responder a tão grande gama de necessidades de maneiras tão diversas explica parte de seu grande poder.

Psicologia é a ciência dos fenômenos psíquicos e comportamentais. A psicologia clínica é o ramo que estuda o comportamento do indivíduo (ou do grupo) por meio de técnicas apropriadas, visando compreendê-lo e resolver seus conflitos.

O que nos informam os dados aqui expostos? Como orquestrar esses conceitos?

Por um lado, a partir das informações coletadas, particularmente, com os adeptos de grupos místico-esotéricos, delineia-se uma situação típica de privatização da fé, de sujeitos experimentadores por excelência. Nessa experimentação, transita-se pelos grupos religiosos, pelas religiões, por significados, valores, visões de mundo, símbolos, e também pelas práticas alternativas. Afinal o objetivo fundamental é imanente, centrado no auto-aperfeiçoamento e no auto-desenvolvimento. Práticas de tipo mais religiosas combinam-se com práticas mais propriamente voltadas ao bem-estar físico e espiritual, de cura, de relaxamento. São todos caminhos de auto-deificação, de encontro com o divino que está dentro de todos e em cada um. Tudo isso nos indica a tentativa de construção e de vivência de um novo estilo de vida.

Por outro lado, mas de maneira complementar, as mudanças de visões de mundo, numa direção orientalizante (unidade homem-natureza, espiritual-físico, mente-corpo, holismo-unicidade em lugar de polaridades; energia, carma, iluminação) que têm ocorrido ultimamente, parecem não se restringir a grupos periféricos, a novas religiosidade ou novos movimentos religiosos, mas referem-se a uma boa parte da população. Particularmente os dados levantados com freqüentadores da Feira mística de Brasília e com estudantes da Universidade de Brasília confirmam a suposição de O. Velho já citado, de que essas mudanças estariam se dando mesmo entre os membros de religiões ocidentais históricas. Há ainda, compondo essa "nebulosa místico-esotérica", aqueles que fundamentalmente consomem práticas alternativas, ou não convencionais, no sentido de consumir o melhor para sua saúde, seu corpo. Aqui se concretiza a certeza da socialização dos novos valores, significados, visões de mundo das novas religiosidades, ainda que de maneira bastante difusa. Mas os princípios são os mesmos, e suas fontes são a Índia, a China, o Japão, culturas indígenas nativas ou não nativas, xamanismo, catolicismo popular. Porque no processo também vão sendo recuperados, ainda que mais lentamente, os velhos e desacreditados saberes locais, dos espíritas, dos curandeiros, das benzedeiras, dos pais de santo e das mães de santo dos cultos de origem africano, no caso do Brasil, considerados, no geral, pelo conhecimento científico, dominante, como superstição, ainda que a visibilidade desses seja menor do que o que vem do Oriente.

As fronteiras entre esotérico e exotérico, entre religião e misticismo, entre religião e psicologia, dentre outras, se diluem, de fato tendendo a romper com as dualidades tão duramente criticadas pelos adeptos dos grupos místico-esotéricos e certamente pela maioria dos consumidores de práticas alternativas. Ainda que os profissionais dessas práticas cada vez mais tendam a denominá-las não-convencionais, trata-se de alternativas em relação ao que é hegemônico na sociedade: medicina alopática, alimentação industrializada, assim como as novas religiosidades também são alternativas às religiões hegemônicas na sociedade.

Segundo Berger na página 75 de seu livro já citado, *O dossel sagrado, ... toda a individualidade se desvanece e é absorvida pelo oceano da divindade .... Os padecimentos e a morte do indivíduo se tornam insignificantes trivialidades, fundamentalmente irreais comparados com a esmagadora realidade da experiência mística da união.* O autor afirma o masoquismo como constituinte de quase todas as variedades de misticismo, em razão da aniquilação do eu e sua absorção pelo divino máximo. Parece que também há que se redimensionar tal leitura na atualidade. Ainda que a experiência mística para os novos buscadores aqui tratados remeta-se à aniquilação do eu, trata-se do eu *persona,* construído fundamentalmente pelo social. O divino que se deseja encontrar estaria mais na intimidade perdida do próprio indivíduo, estaria apenas ofuscado pelo eu *persona.* Em lugar de mediação entre os homens e os entes divinos, auto-desenvolvimento e autoconhecimento.

Aqui é oportuno lembrar as proposições de James Hillman, psicanalista, fundador do Dallas Institute of Humanites e diretor do Instituto Jung, em Zurich. Parte de que o pensamento do coração, que é quem percebe as correspondências entre as sutilezas da consciência, está adulterado pelo sentimentalismo personalista, pela brutalidade da eficiência, o engrandecimento do poder. Chamando a atenção para o excessivo subjetivismo do nosso tempo, lembra-nos que andamos com um coração anestesiado, que converte o sensual rosto do mundo em monotonia, em uniformidade, em unidade, no deserto da modernidade: *A primeira pessoa do singular, esse maldito "eu"... é a voz confessional que se imagina a si mesma como unificadora da experiência. Mas a experiência também pode ser unificada pelo estilo no qual se concretiza, pelas imagens que a conformam,*

[19] HILLMAN, J. **El pensamiento del corazón.** Madrid: Siruela, 1999. p. 57.

pela repetição de temas e pelas relações das quais surge. O coração que habita no teu peito não é só teu coração, é um sol microscópico, um cosmos formado por todas as experiências possíveis, que ninguém pode possuir.[19]

Segundo este autor, mais do que o olfato psicanalítico, o qual busca o significado profundo e as conexões ocultas, necessitaríamos do olfato do sentido comum animal, deslocando a sede da alma e o método psicológico desde a compreensão cognitiva até a sensibilidade estética. Com o coração nos deslocamos de imediato à imaginação. O movimento em direção ao coração é já um movimento de *poiesis*, é metafórico e psicológico. Assim, o paciente deve encontrar as forma de conectar a psique do sonho e do sentimento com o mundo morto, para reanimá-lo, porque estamos anestesiados também pelo subjetivismo da psicoterapia, de tal maneira que é como se os problemas todos do mundo fossem "problemas interiores". Nas páginas finais de seu livro, conclama a possibilidade de se por fim a esse mundo literalista, morto e objetivo, afirmando *...o apocalipsis que mata a alma do mundo não se encontra no fim dos tempos, não vai chegar, pois está sendo produzido agora.* Parece que o conceito de religiosidade é o que melhor se adequa ao que estamos estudando, pois ele se remete muito mais a estilos de vida, sensações, sentimentos, visões de mundo de pessoas que se sentem religiosas num mundo pleno de significados mágicos, sagrados, encantados. E também parece que temos que mudar as formas de olhar o mundo e suas transformações. As mudanças também se dão em nível micro, porque explodem aqui e ali, no primeiro e no terceiro mundo. Porque talvez algo positivo do processo de globalização seja essa possi-

---

[20] SANTOS, Boaventura de Souza, **Pela mão de Alice. O social e o político na pós-modernidade**. Porto: Afrontamento, 1994.

bilidade de que nos conscientizemos de que o sul está no norte e o norte está no sul, lembrando o português Boaventura de S. Santos. Nenhuma culpa, ainda que sejamos do primeiro ou do quinto mundo.[20]

A autonomia individual, essa livre composição de elementos simbólicos, de doutrinas, de práticas e de rituais, estes tempos modernos de experimentalismo cultural, de religioso como experiência pessoal e interior indica, certamente, uma mercantilização da religião e a possibilidade da manipulação da religiosidade profana pelo mercado, o leva que muitos autores a insistirem na dimensão mercadológica da temática.

Mas esse também pode ser lido, como o faz, por exemplo, o argentino Mallimaci[21] como a criação de uma certa cidadania religiosa e não unilateralmente como clientela ou consumismo religioso. Concordando com o antropólogo brasileiro José Jorge de Carvalho, citado na Introdução do livro, a busca pela religiosidade plural e diversificada garante um lugar para a diferença. O esforço para se construir um novo estilo de vida, que integre corpo e espírito, homem e natureza reforça a postura crítica em relação às religiões cristãs, que seriam controladoras e repressoras do corpo.

Cresce a vinculação da religiosidade com o mercado, e simultaneamente cresce o caráter prestação de serviço das novas religiosidades. O fascínio pelo mundo religioso oriental vem ocorrendo desde o século XIX, mas cresce a olhos vistos nas últimas décadas, possibilitando pensar que se poderia estar, tal como sugere o espanhol José Maria Mardones, várias vezes citado, que estaríamos diante de um certo experimentalismo e contaminação religiosa oriental, ou então diante de um bazar

[21] MALLIMACI, F., *A situação religiosa na Argentina urbana do final do milênio*, IN **Globalização e religião**, ORO, Ari P. e STEIL, Carlos A. (Orgs), op. cit, 1997.

religioso oriental. Contaminação, trânsito ou alternância? Pergunta-se o inglês Campbell, também já citado. Esse autor indica como várias crenças construíram as bases para a substituição da imagem transcendente do divino tradicionalmente ocidental pela imagem imanente oriental. Esse processo que, embora já ocorra há mais ou menos 200 anos, somente agora começaria a se tornar bastante visível. Outra vez a globalização, que gera tantos novos problemas à humanidade, indica positividades. Assim como a internacionalização do direito melhora as possibilidades de defesa de mulheres e de homens, de maneira mais independente das determinações geográficas, raciais, de gênero, a globalização também possibilita um maior intercambio e socialização de valores, doutrinas, práticas, rituais, técnicas religiosas antes desconhecidas ou conhecidas por poucos, graças também a um mercado cada vez mais mundializado.

Afora essa questão da mercantilização, podem ser identificados muitos problemas e ambigüidades produzidas e reproduzidas nos grupos místico-esotéricos. Eles não são poucos. Lembraremos apenas alguns, dentre uma série de outros problemas que a condição humana recoloca, dificultando que os desejos, que os sonhos e que as utopias melhor se concretizem em práticas e em comportamentos, tanto das pessoas quanto dos grupos sociais.

Apesar das falas enfatizarem a necessidade de anulação do ego, na medida em que esse dificulta a emergência do Eu interior, Eu superior ou Eu crístico, identifica-se, na maioria delas, o fortalecimento do mesmo. Para a maioria dos grupos, na medida em que há uma certa idéia de predestinação das lideranças (espiritualidade, iluminação), essas se tornam pessoas privilegiadas com egos expandidos. Aflora um forte narcisismo, ou seja, uma desmesurada preocupação com o Eu, como bem o define C. Lasch.[22]

---

[22] LASCH, C. **A cultura do narcisismo. A vida americana numa era de esperanças em declínio.** Rio de Janeiro: Imago, 1983.

A práxis das lideranças é ambivalente. Por um lado elas não são construídas a partir da consideração de "qualidades extra-cotidianas", "poderes sobrenaturais", "sobre-humanos", de "pessoas enviadas ou escolhidas por Deus", características apontadas pelo sociólogo Max Weber como constitutivas da liderança carismática. Ou seja, um "dom" pura e simplesmente vinculado à pessoa que, por natureza, o possui. Ou pode ser proporcionado à pessoa de maneira artificial, através de meios extraordinários. Aqueles que reconhecem ou aceitam esse dom, também reconhecem o dever, compromisso ou a responsabilidade de seguir o líder carismático, a partir de regras por ele impostas ou ordenadas, as quais têm força em razão da própria credibilidade do carisma em si. A divinização se daria, segundo os informantes da pesquisa, a partir do divino que existe, em princípio em todas e em cada uma das pessoas, não sendo recebida de fora. Por outro lado, ainda que a "graça" e o "dom" não sejam determinantes, nas práticas das lideranças, elas o são no processo evolutivo de "iluminação" ou de "espiritualização" que vai forjando as lideranças, e simultaneamente gestando um movimento em que os indivíduos vão adquirindo algumas das qualidades, das características e dos poderes que Max Weber assinalava como elementos constitutivos do conceito de carisma. E aqui sigo com um texto já publicado em co-autoria com outros membros da equipe de pesquisa:

Se cada indivíduo tem de desenvolver o seu processo de divinização por si mesmo, e cada um o faz com as peculiaridades e nos espaços que lhe são pertinentes, deduz-se que a missão é individualizada e não há a necessidade nem de líderes nem de seguidores. Daí caber a questão: se negadas em princípio, por que mesmo assim as "lideranças" existem?

> *Elas existem porque, mesmo que o caminho seja individual ele precisa ser encontrado. E, para isso, é necessário que alguém indique por onde ele passa ...*

> *é necessário recorrer 'aqueles que graças sobretudo a seus próprios esforços já estão mais avançados no caminho da realização espiritual. Essa evolução diferenciada cria condições para o estabelecimento de hierarquias e de poderes assimétricos, apesar do discurso e do esforço dos líderes e dos adeptos no sentido de negá-los.*[23]

A maioria dos grupos se auto-identifica como novos também porque não reproduziriam as regras, as normas, as hierarquias, as relações de dominação e de opressão, presentes na sociedade e nas religiões. Tanto assim que não se autodenominam como lideranças e afirmam caracterizarem-se pelo não-exercício de qualquer tipo de poder. Porém, o que se tem observado é que como em qualquer outro grupo social, reconstroem-se hierarquias, as lideranças e os mecanismos de poder, a partir das próprias práticas disciplinares e de controle que existem no interior de cada grupo místico-esotérico. Assim, por exemplo, podem ser citadas as relações de gênero, ou seja, as relações entre homens e mulheres. Todos os grupos afirmam que não há relações de opressão, dominação ou de exclusão entre homens e mulheres no plano das sociabilidades. Entretanto, na maioria dos mesmos, evidencia-se a existência de hierarquias de gênero. Ou seja, os cargos mais importantes, ritualísticos ou administrativos, com maior poder de decisão, são ocupados única ou predominantemente por homens. Por sua vez, num dos grupos pesquisados, a liderança informou que apenas mulheres podem ser sacerdotisas. Não há sacerdotes. Os homens já teriam tido o poder por muito tempo.

---

[23] SIQUEIRA, D., BANDEIRA, L., RIBEIRO, P., OSÓRIO, R., *Carisma e narcisismo: as lideranças das novas religiosidades*, in **Política, ciência e cultura em Max Weber**, COELHO, M. F. P., BANDEIRA, L., MENEZES, M. L. (organizadoras). Brasília: Editora Universidade de Brasília; São Paulo: Imprensa Oficial do Estado, 2000. p. 114.

Finalmente, há que se redimensionar a centralidade da noção do indivíduo nesses últimos tempos. Não se pode reduzir a questão à exacerbação do individualismo, como fazem muitos estudiosos, além de P. Hellas.[24]

Se por um lado o social, o coletivo, o Outro tendem a se secundarizar, há no trânsito e na condição de sujeito experimentador uma experiência religiosa potencialmente libertária. Ademais, pensamos que uma nova relação indivíduo-social também esteja em gestação e deverá ser orquestrada em novas bases, a partir de práticas políticas diferenciadas das até aqui conhecidas (Sindicato, Partido Político, Revolução Socialista). Em nossa pesquisa internacional identificamos não um conservadorismo político por parte de estudantes universitários da América e da Europa, que são buscadores de novas religiosidades e de práticas não-convencionais, mas sim, práticas políticas mais pontuais (questões ecológicas, buzinaços, manifestações coletivas). Também a tese de mestrado em Ciências Políticas, de H. Zaneti,[25] após pesquisa realizada com mais de 2 mil jovens de 21 cidades brasileiras, conclui não pela indiferença política da juventude, mas sim pela busca de outras formas de participação, tais como trabalho voluntário e práticas comunitárias. Mas essa é outra história, a ser refletida em outro momento.

[24] HEELAS, P., **The New Age Movement. The Celebration of the Self and the Sacralization of Modernity**, Oxford: Basil Blackwell, 1996.

[25] ZANETI, H., **Juventude e revolução,** dissertação de Mestrado, Ciência Política. Brasília: Universidade de Brasília, 2001.